V&R

Joachim Hesse (Hg.)

Systemisch-lösungsorientierte Kurztherapie

Vandenhoeck & Ruprecht
in Göttingen

Die Deutsche Bibliothek – CIP-Einheitsaufnahme

Systemisch-lösungsorientierte Kurztherapie /
Joachim, Hesse (Hg.). – Göttingen:
Vandenhoeck & Ruprecht, 1997
ISBN 3-525-45726-X
NE: Hesse, Joachim [Hrsg.]

Satz: KCS GmbH, Buchholz/Hamburg
Druck und Bindung: Hubert & Co., Göttingen

Inhalt

JOACHIM HESSE

Einführung

> »Man muß den Menschen
> die Wunder zeigen,
> die sie selbst vollbringen
> können.«
> *Willi Dungl*

Vorbemerkung und Dank

Die hier versammelten Aufsätze gründen sich auf ein Symposium zur systemisch-lösungsorientierten Kurztherapie, das im Oktober 1995 in Köln stattfand. Dank der Unterstützung durch die Klinik St. Martin (Stotzheim) und der Kooperation mit der Thomas-Morus-Akademie (Bensberg) konnte ich die Idee des Symposiums verwirklichen.

Die Beiträge* wollen den Therapieansatz von STEVE DE SHAZER und seinem Team in Milwaukee (USA) wie auch die systemischen Grundgedanken – vorgebracht von PAUL WATZLAWICK und GUNTHER SCHMIDT – einem grö-

---

* Sowohl die Hauptvorträge als auch die Kurzstatements sind so überarbeitet, daß die mündliche Rede erkennbar bleibt.

ßeren Publikum vorstellen. Gleichzeitig soll die lösungsorientierte Vorgehensweise aus den unterschiedlichsten Perspektiven, aus dem Blick Europas (LUC ISEBAERT), der Forschung (GÜNTER SCHIEPEK), der Krankenkasse (PAUL LUBECKI) und der Psychiatrie sowie Theologie (MANFRED LÜTZ), dargestellt werden.

An dieser Stelle möchte ich allen Autoren für ihre Beteiligung danken, insbesondere STEVE DE SHAZER und GUNTHER SCHMIDT für das, was sie mir im Laufe der Jahre beigebracht haben, sowie LUC ISEBAERT und GÜNTER SCHIEPEK für ihre liebevolle Unterstützung. Bei MANFRED LÜTZ möchte ich mich für seinen engagierten Einsatz bedanken. JÖRG FENGLER danke ich für sein exzellentes Geschick, mit der er die Tagung leitete. Ebenso danke ich der Thomas-Morus-Akademie (ELISABETH BREMEKAMP) für die Organisation. WOLFGANG LOTH danke ich für sein engagiertes und konstruktives Feedback zu der Einführung dieses Buches.

Kurz-Geschichten systemisch-lösungsorientierter Kurz-Therapie

Die systemisch-lösungsorientierten Kurztherapien basieren unter anderem auf der Zwillingspatenschaft von GREGORY BATESON (1904–1980) und MILTON ERICKSON (1901–1980).

In den fünfziger Jahren arbeitete in Palo Alto (USA) der Anthropologe BATESON mit JOHN WEAKLAND, JAY HALEY und DON JACKSON an einem Forschungsprojekt über menschliche Kommunikation. Insbesondere WEAKLAND und HALEY waren stark von dem Psychiater und späteren Gründungspräsidenten der Amerikanischen Gesellschaft für klinische Hypnose, MILTON ERICKSON, beeinflußt.

Bereits im Jahre 1942 trafen sich Gregory Bateson und Milton Erickson, um über Trancefilme zu sprechen, die Bateson und seine erste Frau Margaret Mead in Bali während ihrer Studien über rituelle Trance-Phänomene aufgenommen hatten. Dabei wollten sie von Milton Erickson mehr über Hypnose erfahren, um feststellen zu können, wann die gefilmten Tänzer in Trance eintraten.

Im November 1958 gründete Don Jackson mit Virginia Satir und anderen das *Mental Research Institute* (MRI), in das John Weakland und Jay Haley, später auch Paul Watzlawick und Carlos E. Sluzki eintraten. Aus dem MRI entstand 1967 die Kurztherapieabteilung, das *Brief Therapy Center* (u. a. mit Paul Watzlawick, John Weakland und Richard Fish) als eine therapeutische Klinik und Forschungsstätte. Aus der Zusammenarbeit der zuletzt genannten Personen entstand 1974 das Buch »Lösungen« mit einem Vorwort von Milton Erickson.

Ohne Wissen der Palo-Alto-Gruppe (bis 1972) formierte sich 1969 in Milwaukee (USA) das *Brief Family Therapy Center* (kurz BFTC) mit Insoo Kim Berg, Steve de Shazer, Eve Lipchik, Alex Molnar, Michele Weiner-Davies und anderen. In seinen Arbeiten bezog (und bezieht) sich de Shazer sowohl auf den Erkenntnistheoretiker Bateson als auch auf den Therapeuten Erickson und betrachtet seine therapeutische Vorgehensweise als eine Weiterentwicklung der Ideen von Milton Erickson. Später entwickelte sich zwischen dem MRI und dem BFTC eine Zusammenarbeit, besonders zwischen John Weakland und Steve de Shazer.

Aspekte systemisch-lösungsorientierter Kurztherapien

Die Gruppe lösungsorientierter Ansätze nach Insoo Kim Berg, Steve de Shazer und Eve Lipchik haben die systemische Therapie entscheidend mit beeinflußt (Ludewig 1996) und begreifen sich insgesamt als eigenständige Variante davon (von Schlippe u. Schweitzer 1996). Entsprechend wird die Lösungsperspektive als eine Möglichkeit zur Ressourcenaktivierung genutzt. In diesem Sinn wird Therapie als ein kooperatives Lösungssystem verstanden.

Dies geschieht innerhalb einer Verantwortungsgemeinschaft zwischen Therapeut und Klient. Beide konstruieren als Experten (der Klient für das, was er will; der Therapeut für die Gestaltung des Therapieprozesses) die therapeutische Wirklichkeit, also das, was wirkt. Es gibt hier keine betrachtungsunabhängige Wirklichkeit, aber auch keine wirklichkeitsunabhängige Beobachtung. So findet ein lösungsbezogener Austausch zwischen Therapeut und Patient statt, mit dem Ziel, Lösungs- und Bewältigungsmuster zu entwickeln, die zur Person und zum Kontext des Klienten passen. Der Klient erlebt auf diese Weise Lösungserfahrungen, die zu einem veränderten Umgang mit seinem inneren (Klärungserfahrung) und äußeren System (Bewältigungserfahrung) führen können.

Bei einem lösungsorientierten Vorgehen werden die Scheinwerfer der Aufmerksamkeit auf die vorhandenen Lösungspotentiale und Selbstheilungskräfte des Patienten gelenkt. Da davon ausgegangen wird, daß häufig Lösungen von den Problemen unabhängig sind, so »daß es keine notwendige Beziehung zwischen den beiden geben muß« (de Shazer 1992, S. 12), werden mehr Informationen über vergangene, gegenwärtige und zukünftige Lösungen gesammelt als über Probleme. Es geht also nicht nur um die Lösung von Problemen im Sinne von Problemlösen, sondern um ein Anregen von Perspektiv- und Präferenzwechseln, so daß Lösungen entdeckt werden können.

Es geht darum, »Lösungen zu konstruieren, anstatt Probleme zu lösen« (DE SHAZER 1992, S. 12). Man löst sich von einer problematisierenden Sichtweise, um auf das zu schauen, was im Alltagskontext des Patienten klappt, und entwickelt von da aus weitere Lösungswege und Bewältigungsperspektiven.

Statt den jeweiligen Problemen weiterhin Nahrung zu geben, in dem man sich darauf konzentriert, schaut man direkt auf das, was im Sinne der Selbstorganisation funktioniert. Vielfach lösen sich Probleme von allein auf, wenn man aufhört, weiterhin dasselbe zu tun, und losläßt von dem Anspruch, sie lösen zu wollen. Probleme können, wenn man sich davon löst, sie loswerden zu wollen, zur Entwicklung von realistischen Lösungen genutzt werden (siehe das Beispiel von MILTON ERICKSON im Beitrag von STEVE DE SHAZER). Lösungen entdeckt man durch einen Dreh der Blickrichtung, in dem man:

- sich von einer Problemsicht löst und auf Zielperspektiven sowie Lösungsvisionen schaut (z. B. durch die Frage: »Wo möchten Sie in Ihrem Leben hin und dafür auch die Verantwortung tragen?«)
- sich an die Geschichte(n) der Ausnahmen seiner Probleme erinnert, sie wiederholt und ausbaut, um sich auf die Ausnahmemuster zu konzentrieren
- Probleme als Fähigkeit betrachtet (siehe den Beitrag von GUNTHER SCHMIDT)
- Probleme dekonstruiert und zum Beispiel fragt: »Woran merken Sie, daß Sie das Problem X haben?«

Das Team in Milwaukee hat die Erfahrung gemacht, daß Patienten häufig – entgegen den meisten therapeutischen Überzeugungen – die Meisterung ihrer Probleme aus zukunftsorientierten Ideen, erreichbaren Zielen und ihren Lösungskräften herleiten, statt aus Problemanalysen. Es geht also weder um den Austausch problembeladener Betroffenheit noch um das Konfrontieren mit unangenehmen »Wahrheiten«, sondern um das Erreichen und Aufrechterhalten realistischer und alltagstauglicher Lösungen. Dies bringt es mit sich, daß in der Therapie sehr viel mehr über Veränderungen und Lösungen gesprochen wird, als über Schwierigkeiten und Beschwerden. Oft kommt es darauf an, dem Patienten nicht nur seine Probleme *wegzunehmen*, sondern ihm dabei zu helfen, alternative Handlungs- und Lösungsmöglichkeiten zu *bekommen*. Die Kernfrage lautet deshalb: »Was wollen Sie anstelle Ihres Problems tun?«

Das Leid des Patienten wird durch eine konsequente Orientierung an seinen Bewältigungsmustern ernst genommen (zum Beispiel durch die Frage: »Wie haben Sie es geschafft, trotz Ihres Leidens, Ihr Leben wieder in die Hand zu nehmen und Ihr Leid zu überwinden?«). Durch die Fokussierung der Aufmerksamkeit auf das Bewältigbare (DOLAN 1991), kann sich der Patient aus einer leidfixierten »Problemtrance« (GILLIGAN 1991, S. 208) lösen, seine Bewältigungsressourcen erleben und sich in seinem Leben wieder dem zuwenden, was ihn beflügelt und trägt.

Dies hat nichts mit einem »Kampf gegen das Symptom« (BAURIEDL 1995, S. 25) oder dem Griff in eine Trickkiste von »›positiven‹ Methoden« (BAURIEDL 1995, S. 35) zu tun – wie eine Psychoanalytikerin argwöhnt. Eine lösungsorientierte Sichtweise macht darauf aufmerksam, daß es trotz leidvoller Schicksalsschläge oder enormer menschlicher Begrenzungen und Einschränkungen so etwas wie gelingenden Umgang mit Unvollkommenheit gibt. Dies kann sich in der Haltung der Fehlerfreundlich-keit (VON WEIZSÄCKER 1989/1992) zeigen. Der Philosoph ODO MARQUARD spricht von »Vizelösungen« (1995, S. 9), also von zweitbesten Lösungen, von eben nicht perfekten Lösungen.

Ein lösungsorientierter Therapeut begnügt sich mit jeder kleinen und unvollkommenen Alltagslösung, die im Sinne der Selbstregulation funktioniert. Nach DE SHA-ZER sind Lösungen nicht Teil eines Kampfes gegen Pro-bleme (im Sinne von Antiproblemen, wo die Lösung dann zum Problem wird), sondern Teil bereits begonne-ner Lösungen (z. B. in Form von sogenannten Ausnah-men).

Therapieziele, die auf einer eigenen und guten Wahl beruhen, aktivieren das Potential der Person, ihr »Res-sourcen-Selbst« (STIERLIN 1994, S. 108) und gehen mit einer organismischen Selbstregulierung einher. Entspre-chend wird von der Therapieforschung für eine stärkere Nutzung des Wirkfaktors der »Ressourcenaktivierung« plädiert (GRAWE 1995, S. 135). Lösungen gehen weit über Ziele hinaus. Ziele können zwar erreicht werden, Lösun-gen müssen aber gelebt werden.

Ein lösungsorientiertes Vorgehen ist sehr »kunden-freundlich« (HARGENS 1995, SCHWEITZER 1995). Im Mit-telpunkt steht der Klient und nicht eine Methode. Damit ist der lösungsorientierte Therapeut mehr den individu-ellen Lösungen seiner Patienten gegenüber verpflichtet, als irgendeiner bestimmten Therapietheorie. Im Sinne MILTON ERICKSONS werden für jeden Einzelfall Mini-theorien der Veränderung entwickelt, die zum jeweili-gen Problem, Kontext und Zeitpunkt sowie der »Struk-tur des Klienten« (DELL 1986, S. 97) passen. Wirksame Interventionen sind so gestaltet, daß sie auf der einen Seite mit der inneren Landkarte des Patienten vereinbar sind, auf der anderen Seite jedoch genügend davon abweichen, um eine neue Sichtweise zu ermöglichen. Auf diese Weise werden individuelle Lösungsmuster entwickelt, die unabhängig von normativen Konzepten über beispielsweise »gesunde« oder »gestörte« Familien sind.

Wie ernst DE SHAZER die Orientierung am Klienten nimmt, zeigt sich daran, daß er seine Klienten wie Kunden behandelt, sie beim Wort nimmt und bemüht ist, nichts in ihre Äußerungen hineinzulesen. Er nimmt einfach ernst, was die Klienten ihm sagen. Diese Einfachheit sieht leicht aus, verlangt aber vom Therapeuten ein hartes »Einfachheitstraining«. Statt sich in den Käfig eines Therapiejargons einzusperren (z. B. in Form komplizierter Erklärungstheorien), wird vom Therapeuten eine lebendige Frische und eine Anfängermentalität erwartet.

Kundenorientierung bedeutet nicht kürzer, schneller, billiger, sondern dem Klienten so viel Zeit zu geben und zu lassen, wie er braucht. Die Kürze der Therapie ist ein *Effekt* des Ansatzes und nicht das Ziel. So kann es auch lang andauernde Kurztherapien geben, das heißt wenige Sitzungen auf lange Abstände verteilt.

Kurz bedeutet in jedem Fall ein langsames und sorgfältiges Vorgehen des Therapeuten. Denn die Aktivierung von Zielressourcen und Ausnahmemustern nimmt viel Zeit in Anspruch. Je langsamer man dabei vorgeht, desto stabiler wird die Plattform, auf der Lösungen gebaut werden können.

Systemische Therapie gehört laut GRAWE »ins Lager der nachweislich wirksamen Therapien« (1992, S. 53), was auch durch neueste Forschungsergebnisse (SHADISH et al. 1997) eindrucksvoll bestätigt wird. Mittlerweile gibt es auch Forschungsbefunde, die sich speziell auf die lösungsorientierte Form systemischer Therapie beziehen (MILLER et al. 1996). Als Form der Kurzzeittherapie wird der lösungsorientierte Therapieansatz im »Handbook of

Psychotherapy and Behaviour Change« (Koss u. Shiang 1994) diskutiert. Ähnlich wie de Shazer plädieren die Herausgeber Bergin und Garfield für »Minitheorien« (1994, S. 822) innerhalb der Therapieforschung. Statt großer Erklärungstheorien geht es um kleine einzelfall- und praxisbezogene Veränderungstheorien.

Der »Lösungsorientierte Handlungsdialog« als Heuristik eines therapieschulen-übergreifenden Dialogs

Im Rahmen eines *lösungsorientierten Handlungsdialogs* regt der Therapeut den Patienten mittels lösungsorientierter Dialoge zu systemischen Lösungen an (d. h. innere und äußere Musterunterbrechungen und Musterveränderungen), so daß der Patient zu einem selbstregulativen Handeln finden kann. Der Therapeut begreift sich dabei als Experte für das Initiieren und Aufrechterhalten von Dialogen. Als »intervenierender Dialogpartner« (Ludewig 1992) fördert er das Entwickeln von Klärungs- und Bewältigungsmustern, die zu einer selbsteffizienten Handlungsregulation führen können.

Das Konzept des lösungsorientierten Handlungsdialogs (Hesse 1994) versteht sich als ein Beispiel einer therapieschulen-übergreifenden Heuristik. Es handelt sich um ein auf das jeweilige Klientenanliegen bezogenes Netzwerk klinischer Theorien und Praxisformen. Damit die ausgewählten und miteinander verknüpften Theoriewerkzeuge und Interventionsformen sinnvoll genutzt werden können, müssen sie zum jeweiligen Therapiesystem passen und eine plausible Kohärenz ergeben. Dabei werden therapeutische Theorien und Vorgehensweisen unter einem komplementären Gesichtspunkt (Bohr 1958, F. v. Weizsäcker 1956) betrachtet. So kann »ein und dasselbe Geschehen mit zwei verschiedenen Betrachtungsweisen« erfaßt werden. »Diese beiden Betrachtungsweisen schließen sich zwar gegenseitig aus, aber sie ergänzen sich auch, und erst durch das Nebeneinander der beiden widersprechenden Betrachtungsweisen wird der anschauliche Gehalt des Phänomens voll ausgeschöpft« (Heisenberg 1973, S. 98). Scheinbar unüberwindliche Widersprüche und Gegensätze können als Teile eines Ganzen betrachtet werden, so daß »im Gegensätzlichen das Gemeinsame« (Dürr 1988, S. 112) erfaßt werden kann. Ähnlich einer Collage, überlagern sich dabei die unterschiedlichen Beschreibungsvarianten, ohne sich dabei aufzuheben (Dürr 1994, S. 38).

Bezogen auf Psychotherapie bedeutet dies, daß verschiedene Perspektiven in ein sinnvolles Ergänzungsverhältnis gebracht und mittels einer »polyokularen Sichtweise« (de Shazer 1989, S. 41) genutzt werden. Wo sich ein brauchbarer und plausibler Sinn ergibt, können divergente Therapieperspektiven mit Hilfe eines Splittings komplementär verknüpft werden. Dies gelingt jedoch nur auf der Grundlage einer geglückten, in sich stimmigen personalen Professionalität (Reiter u. Steiner 1996) des Therapeuten. Als Beispiel dafür sei die unorthodoxe Therapieweise von Milton Erickson (Haley 1996, Zeig 1996) genannt.

Mit Grawe (1996, S. 41) geht das Konzept des lösungsorientierten Handlungsdialogs davon aus, daß verschiedene Therapiemodelle ein oder mehrere therapeutische Wirkprinzipien aktivieren und repräsentieren. Trotz größter Unterschiede der verschiedenen Therapieschulen gibt es gemeinsame Wirkprinzipien. Die Wirksamkeit von Therapie wird hier als das Resultat eines Zusammenspiels von komplexen Wirkbedingungsgefügen betrachtet (siehe den Beitrag von Günter Schiepek). Die Einheit in der Vielfalt unterschiedlicher

Therapieschulen wird deutlich durch die verbindenden Muster ihrer potentiellen Wirkprinzipien, wie zum Beispiel:

– durch das Prinzip der *Ressourcenaktivierung* mittels kooperativer Beziehungsgestaltung, Zuversicht und aktiver Hilfe;
– durch das Prinzip der *Lösungserfahrung* in Form der Vermittlung von Klärungs- und Bewältigungserfahrungen

(siehe z. B. GRAWE 1995, 1996 a, b, LANG 1990, MILLER et al. 1996, SCHIEPEK 1996, STIEHL-WERSCHAK 1991, TSCHUSCHKE et al. 1990).

Damit solch ein Beschreibungspluralismus zu einer kohärenten klinischen Theorie im Sinne einer heuristischen Beschreibungsmatrix (HOYNINGEN-HUENE 1989) führt, muß der Therapeut wissen, wie und wann er die verschiedenen Theoriewerkzeuge benutzt (LOTH 1996, ORLINSKY 1994). Innerhalb eines lösungsorientierten Entdeckungskontextes und eines »pragmatischen Realitätsprinzips« (VON UEXKÜLL u. WESIACK 1991, S. 26) nutzt der lösungsorientierte Therapeut den Reichtum

– der empirischen Wirkungs- beziehungsweise Psychotherapieforschung, so daß er zum Beispiel auf der Basis der oben genannten Wirkprinzipien arbeitet;
– von therapieschulenübergreifenden klinischen Konzepten, beispielsweise das Konzept der Selbsteffizienz (BANDURA 1986) oder das Konzept einer Handlungsregulierung (DÖRNER 1994; KUHL 1996, SCHWARZER 1993);
– der verschiedenen Therapieverfahren; so gibt es für die Gesprächstherapie (HÖDER 1992), Psychoanalyse (FÜRSTENAU 1992), Selbstmanagement-Therapie (KAN-

FER et al. 1996) oder Verhaltenstherapie (KAIMER 1995; NAUMANN 1996) Autoren, die sich ausdrücklich auf den lösungsorientierten Ansatz beziehen;

- von unterschiedlichsten Settings, zum Beispiel für die ambulante Therapie (HAHN 1992), die stationäre Therapie (EBERLING u. HESSE et al. 1996; ISEBAERT 1994) oder Gruppentherapie (siehe unten und den Beitrag von LUC ISEBEART).

Das Konzept des lösungsorientierten Handlungsdialogs folgt nicht so sehr bestimmten therapeutischen Vorschriften und Regeln, in die der Patient hineingezwängt wird, sondern orientiert sich an der »Einsicht in therapeutische Wirkprinzipien« (GRAWE u. CASPAR, in Vorb.), welche natürlich kontextabhängig sind.

Im Sinne einer systemisch-lösungsorientierten klinischen Theorie (SCHIEPEK 1991) handelt es sich dabei um eine Veränderungstheorie. Dabei ist aus systemischer Sicht vor einer »Überattribution von Erfolgen« (LUHMANN 1991, S. 130) bezogen auf die kausale »Wirkung und Wirkungsweise von Psychotherapie« (HARGENS 1994, S. 13) zu warnen, denn Therapie ist nur ein Mittel zur Anregung von Selbstveränderung.

Als ein Anwendungsbeispiel des lösungsorientierten Handlungsdialogs sei kurz das klinische Setting der Gruppentherapie beschrieben. Um mit solch einem komplexen Phänomen wie der Gruppentherapie umgehen zu können, kann eine multiperspektivische Herangehensweise hilfreich sein.

Je nach klinischer Konstellation, Zusammensetzung der Gruppe und Phase im Gruppentherapieverlauf ist es sinnvoll, unterschiedlich vorzugehen (z. B. zieloffen oder zielorientiert) und unterschiedliche Kontextmarkierungen (Einzeltherapie in der Gruppe, Gruppentherapie mit der Gruppe, Einzeltherapie kombiniert mit Grup-

pentherapie) vorzunehmen. Eine systemisch-lösungsorientierte Gruppentherapie benutzt zum Beispiel Elemente

– lösungsorientierter Verfahren in Form von lösungsbe-
  zogenen Orientierungsfragen (»Was tun Sie, wenn es
  Ihnen gutgeht?«) oder Skalenfragen (»Auf der Skala
  von 0–10, wie zuversichtlich sind Sie, Ihr Therapieziel
  erreichen zu können?«) oder durch Aufgaben (»Bitte
  treffen Sie eine Vorhersage, ob der nächste Tag gut
  verlaufen wird, und beobachten Sie, was dann geschieht«);
– systemischer Verfahren in Form von Fragen beispielsweise nach dem Überweisungskontext, dem Anliegen
  und Auftrag des Klienten oder in Form lösungsbezogener zirkulärer Fragen (»Angenommen, ich würde
  Ihre Kollegen aus der Gruppe fragen, wie würden die
  es einschätzen, wie zuversichtlich Sie sind, Ihre Ziele
  erreichen zu können?«);
– aus der Gruppentherapie (YALOM 1989), in der zum
  Beispiel Diagnosen in ihre interpersonalen Elemente
  übersetzt werden, so daß eine interaktionale und ressourcenorientierte Lösungsdiagnostik möglich wird;
– aus der Hypnotherapie (siehe näheres bei KLIPPSTEIN
  1994);
– aus dem lösungsorientierten Psychodrama (siehe
  näheres bei WILLIAMS 1993);
– lösungszentrierter Verhaltenstherapie (KAIMER 1995).

Ziel einer systemisch-lösungsorientierten Gruppentherapie ist es, die Gruppe als einen Kontext so zu gestalten,
daß sich deren Mitglieder wechselseitig dazu einladen,
auf die Ressourcenbereiche zu fokussieren, welche sie für
ihre Lösungen brauchen. Die Gruppe kann auf diese
Weise den wechselseitigen Austausch positiver Bewälti-

gungsstrategien organisieren, sie kann als kreatives Potential zur Lösungssuche genutzt werden und als aufmunterndes Unterstützungssystem. Wichtig ist dabei, daß die Gruppentherapeuten für ein positives Klima sorgen, in der die Gruppe sich als Ressource erleben kann. Häufig befinden sich die Gruppenmitglieder in unterschiedlichen Phasen ihrer Lösungsprozesse, so daß sie für die anderen Mitglieder als Modell anregend sein können. Die Gruppe selbst kann sich auch zum Thema machen und als Modell-Situation fungieren, so daß konkretes interpersonales Lösungsverhalten eingeübt werden kann.

PAUL WATZLAWICK

In Systemen denken, handeln und behandeln

Theoretische Grundlagen der systemischen Therapie

Ich möchte mit einem praktischen Beispiel beginnen, das mich sehr beeindruckt hat. Es handelt sich um ein Vorkommnis, das ich Ende Mai 1989 in der italienischen Zeitung »La Nazione« las. Da hatte sich ein merkwürdiger Zwischenfall in der toskanischen Stadt Grosseto ereignet: Eine Frau, die aus Neapel gekommen war, mußte in einem Zustand schizophrener Erregung in das örtliche Krankenhaus eingeliefert werden. Da dort nicht die Möglichkeiten für einer adäquate psychiatrische Behandlung bestanden, beschloß man, die Dame nach Neapel zurückzubringen. Als die Leute vom Krankenwagen kommen und fragen, wo die Signora Soundso ist, da sagt man: »Sie ist da drin.« Sie gehen hinein, und da sitzt die Patientin voll angezogen auf dem Bett, ihre Handtasche bereit, und sie sagen zu ihr: »Also Signora, bitte kommen Sie mit, wir bringen sie jetzt nach Neapel.« Und da wird sie wieder ganz psychotisch. Sie weigert sich, sie beginnt sich körperlich zu wehren, sie schreit, und sie beginnt zu depersonalisieren. Was braucht man mehr, um zu wissen, daß man es mit einer Psychotikern zu tun hat. Man gibt ihr also eine Beruhigungsspritze, sie wird dann hinuntergetragen in den Krankenwagen und auf geht's nach Neapel.

Auf der Höhe von Rom wird der Krankenwagen angehalten und nach Grosseto zurückgeschickt. Warum? Es war ein Irrtum geschehen. Die Dame im Krankenwagen war nicht die Patienten. Es war eine Einwohnerin von Grosseto, die an jenem Tag in das Krankenhaus gekommen war, um einen Verwandten zu besuchen, der sich einer Operation hatte unterziehen müssen.

Ich will mich nicht darüber lustig machen, daß dieser Irrtum passierte. Für mich ist die Tatsache wichtig, daß dieser Irrtum das erschuf, was wir eine *Wirklichkeitskonstruktion* nennen. Das heißt, er schuf eine Wirklichkeit, in der jedes Verhalten dieser Frau, auch das angepaßteste, ein weiterer Beweis für ihre Verrücktheit war. Sie weigerte sich zu kommen, sie begann sich körperlich zu wehren, und vor allem begann sie zu depersonalisieren, sie behauptete, jemand anderes zu sein.

Dieses Verhalten enthält eigentlich die Grundelemente dessen, mit dem wir es in unserem Fach mehr und mehr zu tun haben. Wir müssen den Kontext, die Interaktion, das Funktionieren des betreffenden Kommunikationssystems in Betracht ziehen. Ich bin selbst ausgebildeter JUNG-Analytiker und habe jahrelang als JUNG-Analytiker gearbeitet, aber ich meine, daß wir heute eben nicht mehr mit der linearen Kausalitätsauffassung arbeiten können, die die Grundlage aller klassischen Therapieschulen ist, weil sie eben auch einmal die Grundlage der wissenschaftlich Weltsicht war. Ich will keineswegs leugnen, daß die Person, die ich in diesem Moment bin, das Resultat aller meiner Ursachen in meiner Vergangenheit ist, aber um im Jetzt und Hier eine Veränderung herbeizuführen, ist – in heutiger Betrachtungsweise – eine Untersuchung der Vergangenheit nicht mehr notwendig. Das aber gerade machen die klassischen Therapieschulen immer noch. Widersprüchlich und verschieden wie ihre sonstigen Ansätze sein mögen – diese eine Auffassung haben sie gemeinsam. Bei dieser Auffassung handelt es sich darum, was KARL POPPER einmal als eine »selbstimmunisierende Proposition« bezeichnet hat; das heißt eine Annahme, deren Richtigkeit sowohl durch den Erfolg wie durch den Mißerfolg ihrer praktischen Anwendung bewiesen wird.

Wenn man also annimmt, daß ein therapeutischer Wandel nur durch Einsicht in die Ursachen der Vergangenheit zustande kommen kann und wenn dann der Zustand des Patienten sich tatsächlich durch diese Behandlungsform ändert beziehungsweise bessert, wird dies als Beweis für die Wirksamkeit dieses Ansatzes genommen. Ändert oder bessert sich der Zustand des Patienten aber nicht, dann beweist das nur, daß die Suche nach den Ursachen in der Vergangenheit und im Unbewußten noch nicht weit und tief genug gelangt ist.

GIAMBATTISTA VICO schreibt in seinem Buch »De antiquissima Italorum sapientia« (1710), daß wissenschaftliche Arbeit darin beruhe, die Dinge in eine schöne Ordnung zu setzen. Für ihn handelt es sich also nicht mehr darum, sich mit den Ursachen zu befassen. Da ist bereits ein wichtiger Vorläufer in der Antike, vor etwa 19 Jahrhunderten, EPIKTET, der sagte: »Es sind nicht die Dinge, die uns beunruhigen, sondern die Meinungen, die wir von den Dingen haben.«

Das Kriterium der Wirklichkeitsanpassung setzt voraus, daß es eine wirkliche Wirklichkeit gibt, derer sich der Mensch bewußt werden kann und soll und muß. Das wird also seit längerer Zeit angezweifelt. KANT stellt bereits fest, aller Irrtum bestehe darin, »daß wir unsere Art, Begriffe zu bestimmen oder abzuleiten oder einzuteilen, für Bedingungen der Sachen *an sich* halten.« Im ähnlichen Sinne schreibt JASPERS in seinem Werk »Von der Wahrheit«: »Die Welt ist, was sie ist; nicht die Welt, sondern nur unser Wissen kann falsch sein.« Und an einer anderen Stelle: »Das Unheil menschlicher Existenz beginnt, wenn das wissenschaftlich Gewußte für das Sein selbst gehalten wird und wenn alles, was nicht wissenschaftlich wißbar ist, als nicht existent gilt.«

Für mich ist es überraschend, daß auch aus jener Richtung, die als der objektivste Wissenschaftszweig erscheinen mag, nämlich aus der theoretischen Physik, weitere Hinweise auf die Relativität der Wirklichkeitserfassung kommen. MAX BORN, ein Lindauer Nobelpreisträger, sagt: »Ich glaube, daß Ideen wie absolute Richtigkeit, absolute Genauigkeit, endgültige Wahrheit Hirngespinste sind, die in keiner Wissenschaft zugelassen werden sollten.« In einem berühmten Gespräch zwischen EINSTEIN und HEISENBERG im Jahr 1926 in Kopenhagen soll EINSTEIN gesagt haben: »Es ist nicht wahr, daß unsere Erfassung der Wirklichkeit, unsere Theorien sich auf Beobachtungen aufbauen. Das Gegenteil ist der Fall. Die Theorie bestimmt das, was wir beobachten können.« HEISENBERG schreibt dann später selbst: »Die Wirklichkeit, von der wir sprechen können, ist nie die Wirklichkeit an sich, sondern eine gewußte Wirklichkeit oder sogar in vielen Fällen eine von uns gestaltete Wirklichkeit. Wenn gegen diese letztere Formulierung eingewandt wird, daß es schließlich doch eine objektive, von uns und unserem Denken völlig unabhängige Welt gäbe, die ohne unser Zutun abläuft oder ablaufen kann und die wir eigentlich mit der Forschung meinen, so muß diesem zunächst so einleuchtenden Einwand entgegengehalten werden, daß doch schon die Formulierung »es gibt« aus der menschlichen Sprache stammt und daher nicht etwas bedeuten kann, was gar nicht auf unser Erkenntnisvermögen bezogen wäre. Für uns »gibt es« eben nur die Welt, in der die Worte »es gibt« einen Sinn haben.«

In seiner Besprechung des Romans »Der Magus« von JOHN FOWLES beschreibt mein Kollege ERNST VON GLA-

SERFELD, einer der bedeutendsten Repräsentanten des modernen Konstruktivismus, dieses Buch als Parabel einer konstruktivistischen Wirklichkeitsauffassung. Der Magus ist ein reicher Grieche namens Conchis, der sich auf der imaginären ägäischen Insel Phraxos die Zeit mit dem »Godgame«, dem »Gottspiel« vertreibt. Das Spiel besteht darin, die Wirklichkeitsauffassung der am dortigen Gymnasium jeweils ein Jahr unterrichtenden englischen Lehrer durch komplizierte Machinationen von Grund auf zu erschüttern. Wie der Magus Conchis an einer Stelle dem jungen Engländer Nicholas in seiner typisch paradoxen Weise »erklärt«, nennt er es deswegen das »Godgame«, weil es keinen Gott gibt und weil das Spiel kein Spiel ist. Und in der Besprechung dieses Romans stellt ERNST VON GLASERSFELD unter anderem fest: »Fowles kommt dort zum Kernpunkt der konstruktivistischen Epistemologie, wo er Conchis die Idee der Koinzidenz erzählen läßt. Er erzählt Nicholas zwei dramatische Geschichten, die eine von einem reichen Kunstsammler, dessen Château in Frankreich eines Nachts mit all seinem Besitz abbrennt; die andere von einem besessenen Bauern in Norwegen, der als Einsiedler seit Jahren auf die Ankunft Gottes wartet. Eines Nachts hat er die erwartete Vision. Conchis fügt hinzu, daß dies dieselbe Nacht sei, in der das Château in Flammen aufging. Nicholas fragt: ›Sie wollen damit doch nicht sagen …‹ Conchis unterbricht ihn: ›Ich will damit gar nichts sagen. Zwischen den zwei Ereignissen bestand kein Zusammenhang. Kein Zusammenhang ist möglich. Oder anders gesagt: Ich bin der Zusammenhang, ich selbst bin die Bedeutung des Zusammenhangs.‹« Und GLASERSFELD fügt hinzu: »Dies ist eine auf den Alltag bezogene Paraphrase von Einsteins revolutionärer Einsicht, daß es in der physikalischen Welt keine Gleichzeitigkeit ohne einen Beobachter gibt, der sie erschafft« (1979, S. 444).

Wenn wir systemische Therapie betreiben, kommen wir meines Erachtens nicht darum herum, uns eben darüber Rechenschaft abzulegen, daß Systeme Wirklichkeiten erschaffen. Darüber hat schon JEAN PIAGET ausführlich in seinem Buch »La construction du réel chez l'enfant« (»Der Aufbau der Wirklichkeit beim Kinde«) geschrieben. Er wies darauf hin, daß über das tastende Erforschen der Wirklichkeit hinaus dem Kind die Wirklichkeit auch nahegelegt wird durch Kommunikation wie: »*Wir* sagen dir, wer du bist. *Wir* sagen dir, wie du die Welt zu sehen hast.« Auf diese Weise kommt es zu Ausbildungen von Wirklichkeiten, die als objektiv bestehend geglaubt werden. Der radikale Konstruktivismus, den ich für den systemischen Ansatz für überaus wichtig halte, untersucht die individuellen, familiären, gesellschaftlichen, wissenschaftlichen, ideologischen Prozesse, durch die wir unsere Wirklichkeit buchstäblich konstruieren und natürlich fest annehmen, daß diese Wirklichkeit die objektive Wirklichkeit ist und unweigerlich denjenigen als »mad or bad« (im Englischen klingt das sehr schön), also als schlecht oder verrückt bezeichnen, der die Wirklichkeit anders sieht.

Wie also werden solche Wirklichkeiten konstruiert? Durch Kommunikation, wie das Beispiel der »falschen« Patientin in Grosseto zeigt. Und wir haben es in unserer Arbeit meist mit Menschen zu tun, deren Wirklichkeitskonstruktion irgendwie zusammengebrochen oder nicht mehr sinnvoll genug ist, um ein einigermaßen sicheres, angenehmes Leben zu haben. Da ist auf die für viele Menschen schockierende Ansicht des Konstruktivismus zu verweisen, nämlich, daß wir von der wirklichen Wirklichkeit immer nur wissen können, was sie *nicht* ist, das heißt nur im Zusammenbruch unserer Wirklichkeitskonstruktionen begreifen wir, daß es so *nicht* ist. *Wie* es aber ist, darüber wissen wir nicht mehr. Und daher sehe ich den konstruktivistischen Ansatz in der Systemtherapie darin, daß wir versuchen, *in dem System* die Wirklichkeitskonstruktion etwas zu verändern, ohne dabei jemals zu glauben, daß wir die Wahrheit mitteilen können. Über diese Tatsache, daß wir von der wirklichen Wirklichkeit eben nur wissen können, was sie nicht ist, schreibt ERNST VON GLASERSFELD in seiner »Einführung in den radikalen Konstruktivismus«:

»Wissen wird vom lebenden Organismus aufgebaut, um den an und für sich formlosen Fluß des Erlebens so weit wie möglich in wiederholbare Erlebnisse und relativ verläßliche Beziehungen zwischen diesen zu ordnen. Die Möglichkeiten, so eine Ordnung zu konstruieren, werden stets durch die vorhergehenden Schritte in der Konstruktion bestimmt. Das heißt, daß die »wirkliche« Welt sich ausschließlich dort offenbart, wo unsere Konstruktionen scheitern. Da wir das Scheitern aber immer nur in jenen Begriffen beschreiben und erklären können, die wir zum Bau der scheiternden Strukturen verwendet haben, kann es uns niemals ein Bild der Welt vermitteln, die wir für das Scheitern verantwortlich machen könnten« (1981, S. 16–38).

Derselbe Gedanke in einem analogen Beispiel:

Ein Kapitän muß in einer finsteren stürmischen Nacht eine Meeresenge durchfahren, die er nicht kennt, für die er keine Seekarten besitzt und die keine Navigationshilfen wie Leuchtfeuer und dergleichen hat. Sie werden zugeben, daß unter diesen Umständen nur zwei Möglichkeiten existieren: Entweder er kommt jenseits der Meerenge wieder ins offene, sichere Meer hinaus, dann weiß er nur, daß der von ihm buchstäblich blind gewählte Kurs stimmte. Mehr weiß er nicht. Er weiß nicht, ob es kürzere, sicherere Durchfahrten gegeben hätte. Er weiß nur, daß sein Kurs in die unbekannte Wirklichkeit hineingepaßt hat. Die zweite Möglichkeit: Er läuft auf einer Klippe auf und verliert sein Schiff und sein Leben. Dann weiß er nur, daß der von ihm gewählte Kurs der Wirklichkeit der Meeresenge nicht entsprochen hat, daß er nicht gepaßt hat.

Diese Wirklichkeitskonstruktionen sind natürlich sehr komplexe Prozesse. Der Psychologe ALEXANDER BAVELAS (persönliche Mitteilung) an der Stanford-Universität schuf Beispiele der Wirklichkeitskonstruktionen dadurch, daß er seinen Studenten und anderen Versuchspersonen sagte: »Ich werde Ihnen jetzt eine lange Reihe zweistelliger Zahlenpaare vorlesen. Nach jeder Nennung jedes dieser Zahlenpaare sagen Sie mir bitte, ob die beiden Zahlen zusammenpassen oder nicht.« Unweigerlich fragten die Versuchspersonen: »Was meinen Sie mit ›zusammenpassen‹?« Und BAVELAS antwortete: »Das sollen Sie eben erfahren, das sollen Sie eben erlernen.« Dann beginnt das Experiment, und er sagt zum Beispiel: »48 und 12, passen diese beiden?« Es sind beide gerade Zahlen, 48 ist vier mal 12. Wenn es sich um Minuten handelte, ergäben 48 und 12 zusammen eine Stunde, 60 Minuten. Die Versuchsperson sagt also: »Ja, passen.« Der Versuchsleiter sagt: »Falsch!« Dann sagt er: »17 und 83.« Und die Versuchsperson denkt nun: »Mit den geraden Zahlen habe ich schon kein Glück gehabt. 17 und 83. Moment mal, was kann da stimmen, passen. Ahh, das sind beides Primzahlen. Und nicht nur das, sondern zusammen ergeben sie 100, und es sind vermutlich die einzigen Primzahlen, die zusammengezählt 100 ergeben.« Und er sagt daher: »Passen!« Und der Versuchsleiter sagt: «falsch«. Und so geht es weiter … Langsam beginnt sich die Richtigkeit der Antworten der Versuchsperson zu erhöhen. Und als die Versuchsperson eine nahezu hieb- und stichfeste Theorie über dieses Zusammenpassen eines jeden Zahlenpaares erarbeitet hatte, bricht der Versuchsleiter das Experiment ab und fragt die Versuchsperson nach ihrer Erklärung der den Zahlenpaaren zugrundeliegenden Ordnung. Die Versuchsperson erläutert dann ein sehr kompliziertes Bild jenes Passens, der »Wirklichkeit« dieses Mikrokosmos der

Zahlenpaare. Und dann erst sagt der Versuchsleiter der Versuchsperson, daß zwischen den von ihm erwähnten Zahlen und den Antworten der Versuchsperson keinerlei Zusammenhang bestand. Er, der Versuchsleiter, wählte seine Zahlen auf der Basis des Astes einer ansteigenden Gaußschen Kurve, das heißt zuerst praktisch nie, und dann häufiger und häufiger. Auf diese Weise hat er in der Versuchsperson eine *Wirklichkeitsdeutung* dieser Situation herbeigeführt, und es ist hochinteressant, daß die Versuchspersonen Schwierigkeiten haben, das zu glauben. Denn wer unter großer Anstrengung und nach vielen Fehlschlägen endlich zu einer einigermaßen passenden Erklärung einer Situation kommt, hat dann Schwierigkeiten sie aufzugeben. Einige dieser Versuchspersonen haben sogar versucht, dem Versuchsleiter zu beweisen, daß die Liste der Zahlenpaare eine innere Ordnung hatte, die er, der Versuchsleiter, nicht begriffen oder nicht entdeckt habe.

Oder nehmen Sie die Wahrnehmungen. Wir nehmen Dinge visuell wahr, weil wir Augen haben. Jeder Mensch mit einem gesunden Sehvermögen wird dieselben Dinge wahrnehmen. Wir wollen vollkommen beiseite lassen, daß auch diese Wahrnehmungen das Resultat phantastisch komplizierter Konstruktionen unseres Zentralnervensystems sind. Aber welche Bedeutung, welchen Sinn wir dieser Sache zuschreiben, das ist völlig offen und unterschiedlich. Zum Beispiel kann ein kleines Kind sehr wohl ein rotes Licht wahrnehmen. Das Kind weiß deswegen aber nicht, daß diese Farbe, dieser visuelle Eindruck auf deutsch »rot« heißt oder mit den Buchstaben »r«, »o«, »t« dargestellt wird. Das sind bereits Zuschreibungen. Das Kind weiß auch nicht, daß das Auftauchen dieses Lichts unter ganz bestimmten Umständen bedeutet: »Du darfst die Straße jetzt nicht überqueren.« Es ist nützlich zu unterscheiden zwischen der sogenannten »Wirklichkeit erster Ordnung«, das sind unsere Wahrnehmungen, die für jeden, der ein »normales« Wahrnehmungssystem hat, dieselben sein müßten, und der Bedeutung, dem Sinn und dem Wert, der diesen Wahrnehmungen zugeschrieben wird. Nehmen Sie einen Hundertmarkschein: Es ist ein farbiger, bedruckter Papierzettel, dessen Wert vermutlich der Bruchteil eines Pfennigs ist. Wir sind aber alle übereingekommen, diesem Zettel den Wert von 100 Mark zuzuschreiben. Das ist eine reine Zuschreibung, im Gegensatz zu früher, als die Goldmünzen einen tatsächlich Wert hatten. Sie kennen wahrscheinlich die Scherzfrage: »Was ist der Unterschied zwischen einem Optimisten und einem Pessimisten?« »Der Optimist sagt von einer Flasche, daß sie halb voll ist, der Pessimist sagt von derselben Flasche, daß sie halb leer ist.« Über dieselbe Wirklichkeit erster Ordnung, nämlich eine Flasche mit einer bestimmten Menge von Flüssigkeit, existieren zwei Ansichten, die unter keinen Umständen jemals zur Übereinstimmung gebracht werden könnten. Ob die Flasche halb voll oder leer ist, das ist eine reine Zuschreibung, eine Konstruktion. Wegen dieser Zuschreibungen gibt es schwere menschliche Konflikte, die in starkem Maß auch daher rühren, daß wir den Mitteilungen anderer Menschen Bedeutungen zuordnen, die der Sender dieser Mitteilung unter Umständen gar nicht beabsichtigte. GREGORY BATESON verwies schon darauf, daß jede Mitteilung einen Inhalts- und einen Beziehungsaspekt hat. Das heißt, selbst wenn ich eine möglichst objektive Feststellung mache, so ist damit immer und unvermeidlich eine Definition meiner Sicht der Wirklichkeit in der Kommunikation enthalten. Nehmen Sie den Witz: »Ein Physiker sagt zum anderen: ›Das Uranium-Atom hat 92 Elektronen.‹« Was glauben Sie ist die Antwort des anderen? Auf der Inhaltsebene würde er erwidern: »Ja, stimmt.« Das ist aber sehr, sehr unwahrscheinlich. Er wird viel wahrscheinlicher sagen: »Ja glauben Sie, ich bin ein Trottel? Ich habe ja schließlich auch Physik studiert.« Sehen Sie, das hat mit Atomen überhaupt nichts zu tun. Das sind Beziehungen, das sind Abläufe von Beziehungen, die wir zu verstehen versuchen, wenn wir systemische Therapie betreiben.

Nun, im Moment, wo wir die monadische Sicht aufgeben und uns der systemischen Sicht anschließen, kommen wir in eine enorme Komplexität hinein. Eine Zweierbeziehung ist schon etwas überaus Komplexes. Und größere Beziehungssysteme wie eine große Familie oder ein Unternehmen sind Komplexitäten, die sich scheinbar jeglichem menschlichen Verständnis entziehen. Der Problemlöser kann dann zwei Fehler begehen: Er kann versuchen, das System in seine Einzelteile zu zerbrechen und die Einzelteile einzeln zu studieren, um damit vermeintlich an ein Verständnis des Gesamtsystems heranzukommen. Das hat GOETHE bereits im »Faust« negiert, indem er Faust sagen ließ: »Dann hast du Teile in der Hand, fehlt leider nur das geist'ge Band.« Die andere Möglichkeit wäre zu glauben, daß ich für eine Änderung im System eine Systemlösungsstrategie entwickeln muß, die mindestens ebenso komplex ist wie die zu verändernde Situation.

Der englische Kybernetiker STAFFORD BEER verweist darauf, daß zum Beispiel in einer Stadt mit 15.000 Automobilen jeglicher Verkehr vollkommen unmöglich wäre, wenn es nicht ganz einfache Regeln gäbe, wie »man muß auf der rechten Straßenseite fahren« und die verschiedenen anderen Verkehrsregeln. Sie zerstören die Komplexität nicht, sondern machen sie überhaupt erst möglich, also funktionierend.

Dem Mathematiker GAUSS wird auch ein Komplexitätsverminderer zugeschrieben: Der Lehrer der Volksschulklasse, in die der siebenjährige Gauß ging, wollte sich eine halbe Stunde Ruhe verschaffen und gab der Klasse daher die Aufgabe, die Zahlen von 1 bis 100 zu addieren. Wäre ich dort gewesen, so hätte ich natürlich begonnen: »eins plus zwei ist drei, plus drei ist sechs, plus vier ist – glaube ich – zehn ...« und so weiter. Es dauert einige Zeit bis man bei 100 ankommt. Der kleine GAUSS stand nach ein oder zwei Minuten vor dem Lehrer mit dem Resultat: »5050!« Wie hat er das geschafft? Da er ein Genie war, hat er einen Komplexitätsverminderer gefunden, indem er sich sagte: »Ich habe hier eine Zahlenreihe, deren erste Zahl 1 und die letzte, 100, 101 ergibt. Die zweite, 2, und die vorletzte, 99, ergibt 101. 3 und 98 ergibt 101. Ich hab's also mit fünfzig Zahlenpaaren à 101 zu tun. 5050.«

Das ist wirklich das klassische Beispiel eines Komplexitätsverminderers. In unserer Arbeit mit menschlichen Bezugssystemen haben wir langsam einen Komplexitätsverminderer entwickelt, den wir die »versuchte Lösung« nennen. Wenn wir einmal glauben, begriffen zu haben, was das Problem ist – natürlich in der Sicht unserer Patienten – dann wollen wir die bisher versuchte Lösung verstehen. Das ist relativ einfach, denn die Patienten können recht leicht sagen, was sie bisher getan haben, um mit dem Problem fertig zu werden. Das ist in unserer Sicht genau das, was das Problem erhält und erschwert. Die versuchte Lösung wird zum Problem. Darauf hat schon DARWIN verwiesen: Wenn Gattungen eine optimale Anpassung an die Umweltbedingungen erzielen, dann neigen sie dazu, diese Anpassung eisern festzuhalten. Dadurch kommen sie in immer größere Schwierigkeiten, denn die Umweltbedingungen ändern sich natürlich fortwährend. Das Festhalten an der einmal gefundenen Lösung führt dann sehr leicht zum Tode der gesamten Gattung. Wir glauben, dasselbe in unserer Arbeit mit Familien entdeckt zu haben, eben daß die versuchte Lösung das Problem ist. Nehmen wir das Beispiel Depression. Die versuchten Lösungen seitens der menschlichen Umwelt des Patienten sind fast unweigerlich und aus besten Absichten die versuchten Aufmunterungen »Komm, reiß dich zusammen, du wirst schon sehen, morgen wird's schon wieder besser sein. Es geht, du mußt dich halt ein bißchen ...« Wer jemals auch nur etwas deprimiert war, weiß genau, was diese versuchte Lösung zur Folge hat: Man geht tiefer und länger in die Depression. Denn wenn die ganze Welt um mich herum die Welt als schön und strahlend sieht und nur ich nicht, dann ist mit mir wirklich etwas nicht in Ordnung.

Ein weniger klinisches Beispiel ist folgender französischer Witz: Das Ehepaar Machin wünscht sich nichts sehnlicher, als ein Kind zu haben. Leider vergehen die Jahre, und das Erwünschte tritt nicht ein. Als sie nahezu alle Hoffnung aufgegeben haben, tritt das Erwartete doch ein, und die Frau wird schwanger und gebiert schließlich ein Söhnchen. Die Freude der beiden ist so unbeschreiblich, daß sie dem Kind einen Namen geben wollen, der dieser herrlichen Gegebenheit entspricht. Und nach langem Nachdenken kommen sie dazu, das Kind »Formidable« zu nennen. Nicht nur, daß der Name etwas blödsinnig ist, sondern, daß das Kind auch als Erwachsener klein und schmächtig bleibt, und daher das Ziel monotoner Witze ist, die sich alle auf den Widerspruch zwischen seiner Konstitution und seinem Namen beziehen. Er leidet schweigend, aber als er auf seinem Sterbebett liegt, da sagt er zur seiner Frau: »Höre, ich habe mich mit diesem blödsinnigen Namen ein ganzes Leben abgefunden, aber ich will nicht, daß er auf meinen Grabstein verewigt werde. Schreib du, was du willst, aber nenne meinen Namen nicht.« Sie verspricht es, er stirbt, und nach langem Nachdenken gibt sie einen Grabstein in Auftrag, auf dem zu lesen steht (da ihr Eheleben nämlich sehr erfreulich und schön gewesen war): »Hier liegt mein Mann, der Zeit seines Ehelebens ein treuer, herzlicher, liebevoller Gatte gewesen ist.« Und wer immer vorbeikommt und diese Aufschrift liest, sagt: »Tien, c'est formidable!« – Ein Witzchen, aber es enthält die Essenz dieses *sich selbst Perpetuierenden*, das wir immer wieder in den Beziehungssystemen antreffen, mit denen wir es zu tun haben.

Die uns am ehesten bekannte Erscheinungsform dieser Konstruktion von Wirklichkeiten sind die *sich selbst erfüllenden Prophezeiungen*. Die sind weit verbreitet. Wer an der Börse spekuliert, weiß, daß es genügt, daß aus irgendeinem Grund ein Gerücht aufkommt, wonach der Wert einer bestimmten Aktie in Kürze ansteigen wird. Wenn genügend viele Leute dieses Gerücht, das vollkommen unbegründet sein mag, glauben, werden viele diese Aktie kaufen, und daher wird der Wert der Aktie steigen. Eine sich selbst erfüllende Prophezeiung.

In Los Angeles gibt es vielleicht heute noch eine humoristische Sonntagabendsendung, in der einmal der Leiter der Sendung ernsthaft erwähnt haben soll, daß eine unmittelbare Knappheit an Toilettenpapier bevorstehe. Es konnte nachgewiesen werden, daß am folgenden Montag morgen sich Tausende von Menschen in die Läden stürzten und riesige Kartons von Toilettenpapier kauften und damit natürlich genau die Knappheit erzeugten, die behauptet worden war. Etwas wissenschaftlicher hat KARL POPPER das in seiner Analyse des Ödipuskomplex aufgezeigt. Was immer die Eltern taten, um der Prophezeiung des Orakels entgegenzuwirken, waren genau diejenigen Maßnahmen, die zur Erfüllung des Orakelspruches führten, nämlich, daß Ödipus seinen Vater töten und seine Mutter heiraten werde. In unserer Therapie versuchen wir also in das Beziehungssystem andere Wirklichkeitsdefinitionen einzuführen, die natürlich genauso reine Konstruktionen sind, aber wesentlich angenehmer, wesentlich weniger leidvoll sein können. Ich möchte jetzt auf einen Aspekt verweisen, der für die Grundlage der Systemtherapie meines Erachtens von Bedeutung ist: In dem Augenblick, da wir beginnen aktiv in das System einzugreifen, ändert sich *unsere Sprache.* Daß die Therapie dem *Patienten* eine neue Sprache beibringen muß, eben die Sprache der betreffenden Therapieschule, ist eine den meisten klassischen Therapieschulen gemeinsame Annahme. Erst wenn der Patient in dieser Form von sich und seinem Leben und seiner Erfahrung zu denken begonnen hat, wird Wandel möglich. Das ist ein langer, langer Prozeß. Er basiert auf der Annahme, daß die Sprache der Wissenschaft, die Sprache der Beschreibung, der Erklärung und der Deutung ist, und bis vor ungefähr vierzig Jahren hätte niemand etwas anderes angenommen. Ich zitiere als Beispiel den französischen Mathematiker Henri Poincaré, der 1913 kategorisch feststellte: »Die Grundsätze der Wissenschaft, die Postulate der Geometrie sind im Indikativ [also in der Sprache der Beschreibung, Erklärung und Deutung] und können gar nicht anders als im Indikativ sein; in dieser Form sind auch die Experimentalgegebenheiten, und auf der Grundlage der Wissenschaft gibt es nichts anderes und kann es nichts anderes geben.« Der Wissenschaftler wird nie an einer Formulierung ankommen wie: »Tue dies!« oder »Tue jenes nicht!«

1969 erschien ein hochinteressantes Buch von dem englischen Logiker George Spencer-Brown, der darin fast en passant den Begriff der *injunktiven Sprache* entwickelt, der auf das »injunctio«, also die Anweisung, die Aufforderung, den Befehl, zurückgeht. Er schreibt:

»Sogar die Naturwissenschaften scheinen mehr von ausdrück-
lichen Anweisungen, [injunctions] abzuhängen, als wir uns
üblicherweise Rechenschaft darüber ablegen. Die berufliche
Initiation des Wissenschaftlers besteht nicht so sehr im Lesen
der rechten Lehrbücher als in der Ausführung von Anweisungen wie etwa: ›Blicken Sie in dieses Mikroskop!‹ Nachdem sie
ins Mikroskop gesehen haben, ist es für Wissenschaftler keineswegs unzulässig, sich gegenseitig das zu beschreiben und miteinander zu besprechen, was sie gesehen haben, und darüber
Artikel und Lehrbücher zu schreiben. In ähnlichem Sinne ist es
für Mathematiker, von denen jeder eine bestimmte Gruppe
[Set] von Anweisungen befolgt hat, keineswegs unzulässig,
sich gegenseitig zu beschreiben und miteinander zu besprechen, zu welchen Ergebnissen sie dabei gekommen sind und
darüber Artikel und Lehrbücher zu schreiben. In beiden Fällen
aber ist die Beschreibung abhängig von – und sekundär zu – der
vorangegangen Befolgung einer Gruppe von Anweisungen.«

»Die Primärform mathematischer Kommunikation ist nicht
die Beschreibung, sondern die Anweisung. In dieser Hinsicht
kann sie mit praktischen Tätigkeiten, wie zum Beispiel dem
Kochen, verglichen werden, bei dem der Geschmack des
Kuchens, obwohl buchstäblich unbeschreiblich, dem Leser in
Form einer Gruppe von Instruktionen, dem Rezept, mitgeteilt
werden kann. Die Musik ist eine ähnliche Kunstform; der Kom-
ponist versucht es nicht einmal, die Gruppe von Tönen zu
beschreiben, die ihm vorschwebt, geschweige denn die Gruppe
der Gefühle, die durch sie hervorgerufen werden, sondern stellt
eine Gruppe von Anweisungen auf, die dem Leser, wenn er sie
befolgt, zum Nacherleben des ursprünglichen Erlebnisses des
Komponisten führen können« (1973, S. 77–78).

Ausgehend von diesen überaus bedeutsamen Sachver-
halten lassen sich eben Therapieformen aufbauen und
Interventionsformen oder Interventionstypen ausarbei-
ten, auf die ich hier nicht im Detail eingehe.

Meiner eigenen Erfahrung nach war für mich die
wichtigste Ausbildung die Hypnose. Wenn man Hypnose betreibt, lernt man, in die Wirklichkeit des anderen
Menschen einzutreten. Wenn ich zum Beispiel eine

Handlevitation herbeiführe, indem ich sage: »Ihre rechte Hand fühlt sich leichter und leichter und leichter an und beginnt sich nach oben zu bewegen und wird leichter und leichter ...«, und die Hand bewegt sich dann tatsächlich nach oben, so ist natürlich die Hand nicht leichter als Luft geworden. Aber im *Erleben* des betreffenden Klienten ist es ein Als-ob-Erlebnis, wie es HANS VAIHINGER schon 1911 beschrieben hat. Ich erlebe die Wirklichkeit, *als ob* meine Hand nun tatsächlich leichter würde. Deswegen war für mich das Erlernen der Hypnose so unerhört wichtig.

Ich möchte einige spezifische Anwendungen der Hypnose erwähnen, die sich – wie MILTON ERICKSON immer wieder gelehrt und nachgewiesen hat – auch auf die Arbeit außerhalb der strikt auf Trance bezogenen Hypno-Therapie verwenden lassen. Vor allem müssen *wir* in der Hypnose die Sprache des *Patienten* lernen. Das steht wiederum im vollen Gegensatz zu der klassischen Auffassung, wonach man dem Klienten erst eine neue Sprache beibringen muß, um – wenn er diese endlich zu sprechen und zu denken begonnen hat – innerhalb des Rahmens dieser Sprache eine Änderung zu bewirken. In der Hypnose ist es anders. Wir erlernen die Sprache des Betreffenden. Damit will ich im Sinne der Hypnose sagen, daß es für jeden, der Hypnose betreibt, überaus wichtig ist zu wissen, ob der betreffende Mensch zum Beispiel ein visueller oder ein kinästhetischer Typ, wie BANDLER und GRINDER es nennen, oder ein akustischer Typ ist. Das kann ich nur dadurch erfahren, daß ich mich aufmerksam auf die Sprache des Betreffenden konzentriere.

Visuelle Typen verwenden Ausdrücke wie: »Das öffnet mir die Augen.« oder »Das kann ich nicht sehen.« »Dafür bin ich blind.« Oder: »Dafür ist meine Frau blind.« Da weiß ich, daß ich es mit einem Menschen zu tun habe, der vermutlich gut auf visuelle Suggestionen ansprechen wird. Sagt dagegen jemand: »Das liegt mir im Magen«, »Das gibt mir Gänsehaut« oder ähnliches, dann weiß ich, ich habe es wahrscheinlich mit einem kinästhetischen Typ zu tun. Wenn ich nun bei diesem kinästhetischen Typ visuelle Suggestionen verwenden würde, so würde er wahrscheinlich am Ende der Trance sagen: »Das ist herrlich, ich fühle mich wunderbar entspannt. Aber von den Dingen, die Sie da erwähnten, habe ich nicht ein einziges gesehen.« Es kommt also darauf an, sowohl bei der Hypnose als auch bei anderen Therapieformen, die Art des Denkens und Fühlens des anderen zu erkennen. ERICKSON hat immer und immer wieder auf die Notwendigkeit hingewiesen, die Sprache des anderen zu verstehen oder, wie man vom konstruktivistischen Ansatz her sagen würde, in die Welt des betreffenden Menschen einzutreten. Wir haben es ja mit Systemen zu tun, die eine gewisse Sprache sprechen, die natürlich nicht für alle Mitglieder des Systems die gleiche sein mag, aber immerhin erlernbar ist. Das ist von großer Wichtigkeit.

Nehmen wir das Beispiel einer Frau, die ihren 17jährigen Sohn heute immer noch in einer Weise behandelt, als wäre er sechs Jahre alt. Jeder hat dieser Frau gesagt: »Hör auf, dein Kind so zu verwöhnen. Er muß selbständig werden, er muß verantwortlich werden. Du kannst nicht zeit seines Lebens seine Weckeruhr, sein Terminkalender, sein Gewissen und dergleichen sein.« Das hat sie von jedem gehört, angefangen von ihrem eigenen Mann, von ihren eigenen Kindern und so weiter. Diese Frau spricht und versteht nur die Sprache des mütterlichen Opfers, ich werde daher versuchen, ihr zu sagen: »Liebe Frau Soundso, Sie haben bereits große Opfer gebracht, um Ihrem Sohn zu helfen. Ich fürchte, daß noch größere Opfer nötig sind.« Nun hört sie mir zu, nun spreche ich ihre Sprache. Das ist unerhört wichtig.

Ich möchte noch etwas erwähnen, das sich ebenfalls

auf die Verwendung der Sprache bezieht: die Vermei-
dung von Negationen. Nach einer plausiblen paläo-
linguistischen Hypothese kam die Verneinung in die
menschliche Sprache erst relativ spät, und daher kann
man immer wieder beobachten, daß Menschen, die sich
in einer sogenannten seelischen Regression befinden,
die Negation nicht mitbekommen. Wenn zum Beispiel
jemand eben einer Operation unterzogen wurde, jetzt im
Aufwachsaal liegt und noch voll anästhesiert ist, werde
ich, um zu vermeiden, daß der Betreffende eventuell auf
diese Totalamnesie mit Übelkeit und Erbrechen reagieren
könnte, werde ich ihm natürlich nicht zuflüstern: »Und
Sie werden sich nicht übel fühlen«. Denn bei ihm kommt
an: »Und Sie werden sich übel fühlen.« Nein, ich ver-
wende eine positive Konnotation, indem ich zum Beispiel sage: »Eine Stunde nach Ihrer Rückkehr in Ihr Zimmer werden Sie ein angenehmes Gefühl des Appetits
haben, und Sie werden die Krankenschwester um ein
Glas Orangensaft bitten.« Damit ist die Sache viel klarer.
Wenn man einem Kind sagt: »Vergiß nicht, diesen Brief
auf dem Weg zur Schule aufzugeben«, vergißt dies das
Kind viel wahrscheinlicher, als wenn man sagt: »Erinnere
dich, diesen Brief auf dem Weg zur Schule aufzugeben.«
   Eine andere Intervention ist die Konfusionstechnik,
wie ERICKSON sie nannte. Sie sind bestimmt schon Menschen begegnet, die genau wissen, warum Sie sagen, was
Sie sagen, was Sie als nächstes sagen werden und so weiter. Sie unterbrechen fortwährend, sie sind immer schon
einen Meter vor Ihnen her, und Sie selber möchten, daß
die schweigen. Dazu läßt sich die ERICKSONsche Konfusionstechnik sehr schön anwenden. ERICKSON begann,
von einem banalen Umstand in einem Ton größter Wichtigkeit und Bedeutung zu sprechen. »Erinnern Sie sich an
Ihren vierzehnten Geburtstag?« »Nein, wer erinnert sich
schon an seinen vierzehnten Geburtstag?« »Aber erin-

nern Sie sich, daß an Ihrem vierzehnten Geburtstag Ihr dreizehnter Geburtstag in der Vergangenheit lag?« »Na ja, selbstverständlich, was denn sonst …« »Und ihr fünfzehnter Geburtstag aber, lag in der Zukunft.« Jetzt beginnt die Person sich bereits zu fragen, »Warum erzählt mir der große Mann diese Banalitäten? Da muß ein tiefer, tiefer Grund dafür bestehen, daß er mir das sagt.« Und wie wir Menschen eben beschaffen sind, wenn wir in solch einem Zustand der Konfusion, der langsam zunehmenden Konfusion, dann plötzlich eine klare Mitteilung erhalten, dann halten wir uns an diese eine Mitteilung, wie ein Ertrinkender an einen Rettungsring. Das kann überaus nützlich sein, um solche Leute, wie ich sie eben beschrieb, nicht nur davon abzubringen, fortwährend zu unterbrechen, sondern die betreffende Sache demjenigen nahezulegen.

In unserer Arbeit glauben wir drei Interventionskategorien gefunden zu haben. Jeder Versuch, das Funktionieren eines Systems zu ändern, die versuchte Lösung zu ändern, stößt auf den Widerstand des Systems. Die Menschen, die zu uns sagen: »Ändert uns, ohne uns zu ändern.« Und das bringt niemand fertig. Was läßt sich da tun? Im Fall geringsten Widerstandes können die sogenannten direkten *Verhaltensverschreibungen* nützlich sein. Sie scheinen dort indiziert, wo Leute zu uns kommen und sagen: »Wir haben schon dies und jenes versucht, nichts scheint zu helfen. Können Sie uns bitte sagen, was wir anders tun könnten.« Wer so spricht, gibt eine gewisse Sicherheit, daß er bereit ist, eine direkte Verhaltensverschreibung anzunehmen. Solch eine Verhaltsverschreibung möchte ich an einem sehr schönen Fall erläutern, den meine Kollegin Cloé Madanes, die in Washington mit Jay Haley arbeitet, uns einmal vorgetragen hat. Sie erhielt einen Anruf von einem jungen Mann, der behandelt werden wollte, da er eine schreckliche Angst davor hatte, von

Frauen abgewiesen zu werden. Er führte daher ein einsames Leben, und sein Ideal, sein Nonplusultra, wäre eine Freundschaft mit einem jener wunderschönen Wesen gewesen, die aus Modeboutiquen herauskommen. Meine Kollegin hörte ihm zu und sagte dann: »Ja, wissen Sie, Angst, von einer Person des anderen Geschlechtes abgewiesen zu werden, die haben wir ja alle. Nur bei Ihnen scheint es die Intensität einer Allergie angenommen zu haben. Und Sie wissen, Allergien kann man nur dadurch angehen, daß man sich langsam dem Allergen aussetzt, so daß der Körper Widerstand dagegen bilden kann.« Er wollte wissen, was sie meinte. Und sie sagte: »Also, wären Sie bereit, wann immer Sie eine halbe Stunde Zeit haben, sich vor eine jener Boutiquen zu stellen und zu warten, bis eine Dame herauskommt, die Ihrem Ideal entspricht, und sich dann von ihr abweisen zu lassen, indem Sie auf sie zugehen und sagen: ›Bitte darf ich Sie auf eine Tasse Kaffee einladen?‹« Was meine Kollegin hoffte, trat auch ein: Ungefähr 50% der Damen sagten: »Oh, bitte sehr, ja!«

Die zweite Art der Interventionen scheint dort indiziert, wo Leute uns ungefähr sagen: »Wissen Sie, wir möchten gerne etwas tun, und wir können es ganz einfach nicht tun.« Oder: »Wir möchten aufhören, jenes zu tun, und wir können damit einfach nicht aufhören.« Sie sprechen also über etwas Symptomatisches. Wer jemals ein psychoneurotisches Symptom gehabt hat, weiß, das sitzt in einem drin, das versucht man zu unterdrücken, aber es ist stärker, und man kommt nicht frei davon. In diesem Fall ist die Anwendung der *paradoxen Doppelbindungen* indiziert. Die »Doppelbindung« ist ein Begriff, den GREGORY BATESON in seinem Artikel »Toward a theory of schizophrenia« (1969) beschrieben hat, und sie beruht eben auf paradoxen Kommunikationsformen. Paradox ist hier nicht im landläufigen Sinne zu verstehen, wie das leider mehr und mehr in der Literatur zu lesen ist. Wenn wir von paradoxer Kommunikation sprechen, meinen wir nicht etwas Unerwartetes, Merkwürdiges, etwas Dummes, sondern es sind Kommunikationen, die die Struktur der klassischen Paradoxien haben. Im 15. Jahrhundert gab es eine Krise in der christlichen Theologie, denn es kam eine Geschichte auf, wonach in einem der damals noch sehr häufig vorkommenden Gesprächen zwischen Gott und dem Teufel der Teufel dem Gott bewies, daß Gott nicht allmächtig ist. Wie hat er das getan? Er hat Gott aufgefordert, einen Felsen zu schaffen, der so unerhört groß ist, daß Gott selbst ihn nicht aufheben kann. Dies ist eine klassische paradoxe Kommunikation. Warum? Es gibt nur zwei Möglichkeiten: Entweder Gott kann den Felsen tatsächlich nicht aufheben, dann ist er aus diesem Grund nicht allmächtig, oder er kann ihn aufheben, dann ist er deswegen nicht allmächtig, weil er ihn nicht groß genug schaffen konnte. Etwas weniger theologisch, aber der Struktur nach genau dasselbe ist jener Witz, den Sie in dem Buch »How to be a Jewish Mother?« von Dan Greenberg finden. Er betont schon in der Einleitung, um eine jüdische Mutter zu sein, brauche man weder jüdisch noch Mutter zu sein, auch ein italienischer Friseur oder eine irische Kellnerin könne eine jüdische Mutter sein. Er sagt der Mutter: »Schenken Sie Ihrem Sohn zu seinem Geburtstag zwei Krawatten. Das erste Mal, wenn er sich eine der beiden anlegt, schauen Sie ihn traurig an, und sagen Sie: ›Die andere gefällt dir nicht?‹« Tut er A, hätte er B tun sollen. Tut er B, hätte er A tun sollen. Er ist also »bad«, schlecht, böswillig. Die einzige möglich erscheinende Alternative wäre, daß er sich beide Krawatten zugleich anlegt. Das wäre dann natürlich verrückt. Dann wäre er »mad instead of bad«. Man kann paradoxe Kommunikationen sehr wohl auch therapeutisch anwenden, das hat

Viktor Frankl schon vor Bateson mit seinem Begriff der paradoxen Intention sehr schön gezeigt.

Das eleganteste, kürzeste Beispiel einer therapeutischen Kommunikation dieser Art finden wir in einem der ersten Bücher von Bandler und Grinder. Eine etwa 18jährige Frau möchte an einer Gruppentherapie teilnehmen. Man fragt sie natürlich: »Was ist Ihr Problem? Was bringt Sie hierher?« Und sie sagt, sie habe einen unwiderstehlichen Zwang, jeder an sie gerichteten Aufforderung, jedem Verlangen, jedem Befehl nachzukommen. Sie könne einfach nicht »nein« sagen. Sie hat all die Einsicht, die sich ein mit dem Begriff der Einsicht als »Zaubermittel der Änderung« arbeitender Kollege nur erhoffen kann. Sie weiß haargenau, warum, wann, wieso dieses Problem entstanden war. Sie war sieben, acht Jahre alt, allein zu Hause mit dem Vater eines Nachmittags. Der Vater trug ihr auf, das Haus nicht zu verlassen, er lag krank im Bett. Sie gehorchte nicht, sie ging hinaus spielen, und als sie nach ein oder zwei Stunden zurück nach Hause kam, lag der Vater tot im Bett. Seither hat sie diese fürchterliche Angst vor den Folgen einer Weigerung, einer Nichtbefolgung eines Auftrages, eines Wunsches oder was immer. Der Therapeut hat die wirklich grandiose Idee und sagt zu dieser Person: »Nun gut, gehen Sie bitte hier im Raum herum, und lehnen Sie jedem der Anwesenden etwas ab. Wenn nötig durch ein Rollenspiel oder wie auch immer. Sagen Sie in irgendeiner Form ›nein‹ zu jedem der Anwesenden.« Sie wird furchtbar nervös und beginnt fast zu schreien und sagt »Nein, das kann ich nicht. Ich habe doch eben gesagt, das kann ich nicht. Deswegen bin ich doch hier« – und legt sich erst nach etwa fünfzehn Sekunden Rechenschaft darüber ab, daß sie genau das tut, was sie behauptet, nicht tun zu können. Auch in dieser therapeutischen Doppelbindung haben wir also zwei Möglichkeiten, und beide führen zu einem therapeutischen Erfolg: Entweder sie hätte jedem der Anwesenden etwas abgelehnt und hätte dabei zweifellos entdeckt, daß es geht, wenn auch nur im Rollenspiel, aber immerhin. Oder aber sie konnte tun, was sie eben tat: Sie lehnte die Aufforderung der Therapeuten ab. Man könnte sagen: »Ja, ja, aber sie hätte davonlaufen können.« Gut, auch das wäre immerhin schon ein erster Schritt in die richtige Richtung gewesen. Sie hätte begriffen, sich diesen Situationen körperlich entziehen zu können.

Nun zur dritten Kategorie der *positiven Konnotation*, die uns dort indiziert erscheint, wo Leute das Spiel der Besiegung des Therapeuten spielen. Die kommen nur, um den Betreffenden scheitern zu lassen. Das erzählen sie dann auch: »Wir haben schon zwei, drei Kollegen von Ihnen gesehen, Sie sind unsere letzte Hoffnung …« Wenn ich das höre, dann läuten bei mir alle Alarmglocken, und es stellt sich tatsächlich heraus, daß sie auf diese Weise die bisherigen Therapien sabotiert haben. Sie kommen also, erklären das Problem und der betreffende Kollege muß dann natürlich darauf etwas sagen, er kann ja nicht *nichts* sagen. Er muß eine Meinung abgeben, oder er muß eine Deutung bringen. Sofort sagen dann diese Leute: »Nein, nein, nein, das funktioniert nicht. Das hat der Doktor Soundso schon geglaubt. Geben Sie uns bessere Hilfe.« Und dann läßt sich der Therapeut auf dieses Spiel ein, versucht dann eben etwas anderes vorzuschlagen oder zu deuten – die Antwort ist sofort wieder: »Nein, nein, das geht nicht …« Und nach zwei, drei Sitzungen rufen sie an, und sagen: »Wir kommen nicht mehr, Sie haben uns in keiner Weise geholfen.« In diesem Fall empfiehlt sich das zu tun, was GREGORY BATESON sehr schön definiert hat mit dem Beispiel von zwei Hunden, die in eine Rauferei geraten. Sie können dabei das beobachten, was BATESON eine symmetrische Eskalation nennt, das heißt ein rasches Ansteigen gegenseitiger aggressiver Aktionen, bis sich eines der Tiere auf den Boden wirft und seine Kehle dem anderen freigibt. Das stoppt die Aggression. Warum? Weil in BATESONschen Begriffen das sich zu Boden geworfene Tier die symmetrische Interaktion in eine komplementäre umgewandelt hat, und in einer Komplementärbeziehung gibt es diese direkte symmetrische Aggression nicht. Nach GREGORY BATESON kann jede Beziehung in einem bestimmten Moment nur entweder symmetrisch oder komplementär sein. An und für sich ist nichts Pathologisches an einer symmetrischen Beziehung. Die beiden tauschen Verhaltensweisen aus, die sozusagen symmetrisch sind, und das kann die Grundlage der schönsten menschlichen Beziehung sein. Ich fühle mich von meiner Frau akzeptiert, und meine Frau fühlt sich von mir angenommen und verstanden, das ist Symmetrie. Nur wenn in einer symmetrischen Beziehung etwas schiefgeht, dann sehen wir eine rasche Eskalation von immer heftigeren, virulenteren Formen der Interaktion. Bei der Komplementärbeziehung ist eine Person in der Superior- oder Primärposition, und die andere Person in der Inferior- oder Sekundärposition. Auch da ist a priori nichts Pathologisches. Das sind Beziehungsformen, die durchaus positiv sein können, etwa Mutter und Kleinkind, Arzt und Patient oder sogar Professor und Student. Wenn aber in der Komplementärbeziehung etwas schiefgeht, dann entsteht nicht dieses Feuerwerk der Eskalation, sondern eine starrer werdende Beziehungsform, aus der beide ausbrechen möchten, es aber nicht können. Wenn also Personen zu uns kommen, anscheinend nur zum Zweck, uns zu sabotieren, dann nehmen wir die Inferiorposition ein. Wir lassen uns nicht die Regeln der symmetrischen Eskalation auferlegen, sondern wir nehmen von vornherein eine Inferiorposition ein: »Ja, ich fürchte, daß … natürlich, ich verstehe, daß Ihr Problem ein unangenehmes ist. Aber glauben Sie mir, daß aufgrund meiner langen beruflichen Erfahrung das Problem, das Sie mir eben schilderten, noch immer die bestmögliche Lösung ist. Glauben Sie mir bitte, daß jeder Wandel das Problem nur noch verschlechtern würde.«

Noch das Fallbeispiel einer positiven Konnotation: Ein Kollege erhält eine Patientin überwiesen, die einen Autounfall hatte. Sie stand vor einer roten Ampel, und ein anderer Wagen fuhr in sie hinein; sie erlitt ein Schleudertrauma. Nach monatelangen Behandlungen war die Verletzung nach Ansicht der sie behandelnden Ärzte verheilt. Aber sie klagte immer noch über sehr schwere Kopfschmerzen. Nun schickte man sie zu unserem Kollegen, dem Psychiater, in der Annahme, es müsse sich um ein psychosomatisches Symptom handeln. Mein Kollege hatte natürlich die Akte sorgfältig studiert, und als die Frau zum ersten Mal kam, da sagte er: »Also wissen Sie, gnädige Frau, aufgrund all dieser Untersuchungen und dergleichen muß ich Ihnen sagen, daß wir hier uns nur darauf konzentrieren können, daß Sie es erlernen, mit Ihrem Schmerz zu leben.« Und Sie fragte sehr dezidiert, ob das alles sei, was die Psychiatrie zu offerieren habe. Unser Kollege sagte: »Ja leider, bitte, aufgrund dieser ganzen Untersuchungen, leider, ist die Antwort ›Ja‹.« Sie kommt zurück und erwähnt, daß sie sich jetzt, in der letzten Woche, wesentlich besser gefühlt habe. Unser Kollege geht in eine Orgie der Selbstbeschuldigungen: »Wie konnte ich es nur unterlassen haben, Sie auf die dem Arzt so bekannten Fluktuationen in der Intensität des Schmerzes zu verweisen, und jetzt, da es Ihnen besser geht und der Schmerz in seiner alten Stärke zurückkommen wird, Sie natürlich noch enttäuschter sein werden.« Sie kommt zur dritten Sitzung und sagt, sie fühle sich wesentlich besser. Unser Kollege: »Bitte glauben Sie mir, glauben Sie mir, es kommt ein Rückfall. Sie setzen viel zuviel Hoffnung auf diese leichte Besserung!« Sie bricht die Behandlung nach der dritten Sitzung ab, wesentlich gebessert und überzeugt, daß der Psychiater ein Idiot ist. Sehen Sie, damit ist eine vor allem in Süd-Kalifornien grassierende Annahme widerlegt, wonach uns unsere Patienten nach erfolgreicher Behandlung lieben müssen.

JOACHIM HESSE

Lösungsorientierte Psychotherapie als Selbsthilfe?

Zu diesem Thema möchte ich vor allem auf zwei Frage-stellungen eingehen:

- Wie hilft eine auf Lösungen hin ausgerichtete Selbst-hilfe den *Patienten*?
- Wie kann ein lösungsorientiertes Vorgehen einem *The-rapeuten* dabei helfen, daß ihm beim Helfen keine Hornhaut auf der Seele wächst? Daß also seine Seele nicht stumpf wird, sondern frisch bleibt und mit-schwingen kann?

Zunächst möchte ich kurz umreißen, was innerhalb eines lösungsorientierten Hilfesystems geschieht.

Es wird ein Gespräch geführt, in dem man sich darauf konzentriert, die vergessenen beschwerde*freien* Ausnah-mesituationen und Ausnahmeseiten von Problemen zu erkundschaften. Es werden Informationen über vergan-gene, gegenwärtige und zukünftige Lösungsmuster ge-sammelt. Die verdrängten Lösungen beziehungsweise die verdrängten Ausnahmen von Problemen werden – so könnte FREUD (1914) sagen – erinnert, wiederholt und durchgearbeitet.

49

Da Ausnahmen darauf hinweisen, daß sich Menschen ändern können und Lösungen möglich sind, widmet sich ein lösungsorientierter Therapeut mit Lust dem Wiederholungszwang immer wiederkehrender Ausnahmen von Problemen. Wie ein Detektiv sucht er nach sich wiederholenden Mustern gelingenden Verhaltens. Auf diese Weise können Lösungen so weit ausgebaut werden, daß sie der Patient in seiner Lebenswirklichkeit verankern und aufrechterhalten kann.

Gemeinsam mit den Patienten werden kleine alltagsbezogene Antworten entworfen, so daß die Betroffenen Lebensmuster und Lebensgeschichten entwickeln können, die für sie einen *Sinn* ergeben. Sinn ist Grundlage humaner Systeme, so daß eine systemisch-lösungsorientierte Therapie auf die Kategorie Sinn als Ressource angewiesen ist.

Der Sinn innerhalb lösungsorientierter Therapie ergibt sich nicht durch einen blinden Sonnenbank-Optimismus, sondern durch die Suche nach dem, was im Lebensalltag der Patienten in Ordnung ist. Statt nach klaren Ursachen von Problemen zu suchen, begnügt sich ein lösungsorientierter Therapeut mit jeder schmutzigen kleinen Lösung, die funktioniert.

Ich möchte nun einige Möglichkeiten einer auf Lösungen hin ausgerichteten Selbsthilfe skizzieren. Sie ist eine Art von Selbstsorge in dem Sinn, daß man sich darum kümmert, Antworten auf Fragen zu finden, wie »Wo möchte ich in meinem Leben hin und dafür Verantwortung tragen?«

Statt sich durch das Erzählen selbstbestätigender Problemgeschichten in eine Art Problemtrance zu hypnotisieren, kann man sich zum Beispiel folgende Frage stellen: »Was tue ich dafür, um Ziele zu erreichen, die mir wichtig sind?« Diese Frage verschafft einem zwar weniger Einblick in die »wahre«, ursächliche Natur der jeweiligen Probleme, aber vielleicht einen Ausblick auf das, was im Leben noch möglich ist. So hat man zwar weniger Durchblick, dafür aber mehr Weitblick.

Statt den Blick aufs Trübe zu richten, bis man selber trübe blickt, schaut man bei einer lösungsorientierten Selbsthilfe eher auf das, wohin einen die Flügel tragen, oder auf das, was einen im Alltag trägt. Eine mögliche Intervention ist: »Schau auf das, was klappt, was es wert ist, beibehalten zu werden, und mach mehr davon.«

Solch eine Klarsicht aktiviert schlummernde Ressourcen und ermöglicht reale Lösungserfahrungen. Man erlebt »lösende« Einsichten und erfährt, daß Schwierigkeiten bewältigt werden können.

Eine lösungsorientierte Selbsthilfe ist natürlich keine Flugveranstaltung, wo man für alles und jedes perfekte Lösungen findet. Jedoch: Was ist eine Selbsthilfe wert, wo kein Wind weht, der einen beflügelt?

Gleichwohl weiß jeder, daß es schmerzhaftes Leiden gibt, welches man nicht auflösen kann, mit dem man aber leben lernen kann. Die Lösung ist dann die Bewältigung oder Meisterung des jeweiligen Leids. So könnte die folgende Frage einem dazu verhelfen, den Blick auf die Bewältigungsressourcen zu lenken, die auch bei sehr großem Leid vorhanden sind: »Gemessen an dem Leid und den zu überwindenden Schwierigkeiten – was alles tue ich dafür, um mein Schicksal in die Hand zu nehmen und damit umzugehen?« Oder auch: »Wie schaffe ich es, daß es nicht noch schlimmer wird?«

Statt sich dem Schicksal zu fügen oder damit zu hadern, besteht die Möglichkeit zu lernen, damit umzugehen. Hilfreich kann dabei auch sein, mögliche Rückschläge im Leben als *Herausforderung* zu betrachten und sich zu fragen: »Was kann ich dafür tun, mögliche Rückschritte als Rückmeldung (was müßte ich anders tun?) zu betrachten und zu nutzen?«

Gerade bei großem Leid kann ein liebevoller Humor – der das Leiden ernst nimmt, statt es zu überspielen oder zu übertreiben – dabei helfen, sich von einer schicksalsschweren Sicht zu lösen, um Lösungen in Form von Bewältigungsmöglichkeiten wahr-zu-nehmen. In Tibet, einem sehr leidgeprüften Land, sagt man: »Wir können nicht lachen, ohne uns ein wenig von unseren Definitionen zu lösen« (NGAPKA 1993, S. 17).

Ich komme nun zur Frage, wie ein lösungsorientiertes Vorgehen dem Therapeuten als eine Art Selbstprävention hinsichtlich Ausgebranntsein hilft. Zu fast jeder Therapieform gibt es eine »Sonderausgabe«, man könnte fast sagen ein »Sondereinsatzkommando« für ausgebrannte Therapeuten, genannt Burnout-Prophylaxe. Bei solch einer streßvorbeugenden Maßnahme zieht sich der jeweilige Therapeut eine Schutzhaut über seine Seele, um Streß und Abnutzungserscheinungen zu verhüten. So gibt es fast auf allen Therapiekongressen mindestens einen Workshop, wo man sich solch eine Schutzimpfung als Burnout-Prophylaxe verabreichen lassen kann.

Mir kommt die Frage, inwieweit das Phänomen des Ausgebranntseins von Therapeuten nicht nur eine Aussage darüber ist, *wie* ein Therapeut sein jeweiliges Therapiemodell ge- oder mißbraucht, sondern ob es auch eine Aussage darüber ist, welche *Richtung* das jeweilige Therapiemodell vorschreibt.

Schaut man zum Beispiel vornehmlich in Richtung des Problems und induziert man beim Klienten durch eine überproblematisierende Aufmerksamkeitsfokussierung eine Problemtrance, oder erarbeitet man mit ihm Lösungsmuster, die ihm zu einem veränderten Umgang mit seinen inneren und äußeren Mustern verhelfen?

Anhand einer Cartoonserie möchte ich dies kurz illustrieren: Auf dem 1. Bild sieht man einen Mann in deprimierter Haltung allein auf einer Brücke stehen. Auf dem

2. Bild sprechen zwei Männer ganz intensiv miteinander. Und auf dem 3. Bild ist zu sehen, wie *beide* Männer von der Brücke springen. Natürlich ist dies nur eine Karikatur eines problemfixierten Verständnisses von Problemen bei intensiven Gesprächen darüber.

Im Unterschied dazu führt ein Lösungsverständnis zu einem Klärungs- und Bewältigungsmodus, der sowohl hellsichtigere Einsichten als auch aussichtsreichere Bewältigungsmuster umfaßt. Mit Hilfe eines Drehs, durch den Wechsel der Blickrichtung, kann sich ein Problemgespräch in ein *Lösungsgespräch* verwandeln (zum Beispiel durch die Intervention: »Bitte beobachten Sie, was in Ihrem Leben geschieht, von dem Sie wünschen, daß es weiterhin geschieht.«) Ein Lösungsgespräch entsteht unter anderem durch die Fokussierung der Aufmerksamkeit auf das, was in der Lebenswirklichkeit des Patienten klappt, so daß er sich neue Lösungswege erschließen kann.

Die Frage ist nun, inwieweit die lösungsorientierte Ausrichtung nicht nur eine Behandlungsweise für Klienten darstellt, sondern auch für Therapeuten. Überspitzt könnte man sagen, daß eine lösungsorientierte Therapie auch eine Art Selbstbehandlung für den Therapeuten darstellt. Denn bei einem Gespräch, in dessen Mittelpunkt der Klient mit seinen Lösungs- und Bewältigungsmustern steht, die er erinnert, wiederholt und weiter ausbaut, bleibt es nicht aus, daß dabei auch die Ressourcen des Therapeuten aktiviert werden.

Das Lösungsgespräch *selber* ist eine Art eingebaute Burnout-Prophylaxe und hilft sowohl dem Patienten als auch dem Therapeuten. Beide befinden sich während des Lösungsdialogs häufig in einer Lösungsphysiologie, das heißt, sie sind einander in einer entspannten und gelösten Weise zugewandt.

Ich schließe mit einer Bemerkung von HANS-GEORG

GADAMER: »Ich finde, Pessimismus ist immer ein Mangel an Aufrichtigkeit. Warum? Weil niemand ohne Hoffnung leben kann« (1993, S. 71).

Steve de Shazer

Die Lösungsorientierte Kurztherapie

Eine neuer Akzent der Psychotherapie

Ich mache Kurzzeittherapie seit über 25 Jahren. Ich habe Tausende von Klienten gesehen in meiner eigenen Praxis in den USA und auf Reisen in Kanada, Japan, Korea, Deutschland und Skandinavien. All diese Klienten haben mir etwas beigebracht. Und wiederholt hat über die Jahre unsere Forschung mit den Klienten uns dazu gezwungen unseren Ansatz zu verändern. Jede dieser Veränderungen hat zu effektiveren Therapien geführt.

Ich möchte Ihnen zunächst den Hintergrund vermitteln. Ich habe in den späten 60er Jahren die Arbeit von Milton Erickson entdeckt. Ich war natürlich mit dieser Entdeckung nicht alleine. Erickson war nicht nur ein Psychiater, sondern auch ein führender Hypnotherapeut. Seine Arbeit hat tiefgreifend die Entwicklung der Familientherapie und der Kurzzeittherapie beeinflußt. Erickson hat immer gesagt, er habe keine Theorie, und ich glaube ihm das. Das eigentlich Revolutionäre an seiner Arbeit war seine klinische Praxis.

Als ich mit der Kurzzeittherapie begonnen habe, war meine grundlegende Idee, eine Basistheorie zu entwickeln, die sich auf die Arbeit von Milton Erickson gründet. Ich habe seine ganzen Arbeiten gelesen. Er hat ungefähr 700 Fälle beschrieben. Je mehr ich darüber gelesen hatte, um so unmöglicher erschien mir der Zusammenbau einer Theorie daraus. Schließlich kam ich zu dem Entschluß, in Übereinstimmung mit MILTON ERICKSON, daß der Bau einer großen Theorie so nicht möglich war, also Theorien, wie sie MARX oder FREUD entwickelt hatten. Das heißt, jeder Fall braucht eigentlich seine eigene Minitheorie oder ein Set von Minitheorien.

Um von MILTON ERICKSONS Arbeit einen Eindruck zu geben, schildere ich den ersten Fall, den ich von ihm hörte. Eine junge Frau kam zu MILTON ERICKSON, die ihm sagte, sie habe genug Geld gespart, daß sie noch etwas Therapie machen könnte, bevor sie dann Selbstmord begehen würde. Es war ungefähr vor 45 Jahren. ERICKSON stimmte zu, diesen Fall zu übernehmen. (Das ist nicht die übliche Art von Vertrag, den Psychotherapeuten mit ihren Klienten machen.) Der Grund, warum sie Selbstmord begehen wollte, war eine Lücke zwischen den Vorderzähnen. Sie nahm diese Lücke zwischen den Zähnen als abstoßend für Männer wahr. Sobald sie ihren Mund aufmachte, waren die Männer völlig abgeturnt. Es sei dann ziemlich schwierig zu heiraten oder Kinder zu kriegen. So lief sie häufig durch die Gegend und hielt die Oberlippen immer sehr steif. Sie hatte einen guten Arbeitsplatz, und sie mochte ihre Arbeit. Sie beschwerte sich aber bei ERICKSON, daß all die Männer in dem Büro, in dem sie arbeitete, sie dauernd neckten oder sie ärgerten. Als sie weiter drüber sprachen, fand ERICKSON heraus, daß es einen bestimmten jungen Mann gab, der auch noch ungebunden und »verfügbar« war, der sie besonders neckte.

ERICKSON war behindert. Er hatte zweimal Kinderlähmung in seinem Leben gehabt. Er hatte deshalb seine Praxis im eigenen Haus. Wenn man zu ihm kam in sein Haus, stellte man fest, das Wartezimmer war eigentlich sein

Wohnzimmer, und es gab immer sechs bis acht Kinder, die im Haus herumliefen. Seine Patienten mußten also auch immer mit den Kindern zu Rande kommen. Häufig führte ERICKSON seine Therapiesitzungen auch auf der Terrasse durch.

Während sie über die Dinge sprachen, brachte ERICKSON der Frau bei, wie sie Wasser aus dieser Zahnlücke spritzen konnte, zum Beispiel auf bestimmte Ziele spritzen konnte oder aus bestimmter Entfernung. Sie fand das ein bißchen merkwürdig, aber dachte sich ›Mein Gott, wenn ich eh Selbstmord begehe, dann ist es auch egal.‹ Sie wurde irgendwann eine richtige Expertin darin. Nach einer bestimmten Zeit gab ERICKSON ihr eine Hausaufgabe, die sie ziemlich schrecklich fand und der sie trotzdem zustimmte. Denn schließlich würde sie sich sowieso umbringen, und es war egal.

Eines Tages also, als dieser junge Mann sich an den Wasserspender im Büro begab, pumpte sie sich die Backen voll, spritzte ihn an, drehte sich um und rannte den Flur weg. Und der junge Mann verfolgte sie, fing sie ein und gab ihr einen Kuß. Am nächsten Tag guckte sie sehr genau, ob dieser junge Mann irgendwo in der Nähe dieses Wasserspenders war, bevor sie dahin ging, so daß die Luft rein war, und sie nicht wieder diese Aufgabe ausführen mußte. Sie ging auf den Wasserspender zu, und der junge Mann hatte sich um die Ecke versteckt und fing an, als sie dahin ging, sie mit einer Wasserspritzpistole naß zu machen.

Immer wenn ERICKSON von dieser Geschichte erzählt, berichtet er davon, daß er ungefähr fünf Jahre später zu Weihnachten eine Karte mit Familienporträt bekam: Genau dieser junge Mann und diese Mutter mit vier Kindern drauf; um zwei der Kinder hatte sie einen Kreis gezeichnet, und dazu geschrieben, daß diese beiden gesegnet waren mit einer Lücke zwischen den Zähnen.

In den frühen 50er Jahren war das sicher nicht der Standardansatz, depressive, suizidale junge Frauen zu behandeln. Und auch heute, 45 Jahre später, ist es nicht der Ansatz, der von den meisten Therapeuten gewählt würde. Aber er hat funktioniert!

In verschiedener Hinsicht ist dieser Fall sehr typisch für ERICKSONS Arbeit. Es gibt ganz klar ein Ziel, das einen roten Faden darstellt und die ganze Therapie bestimmt, nämlich daß sie heiraten und Kinder kriegen wollte. Das bestimmte den ganzen Ansatz. Es war aber nicht klar, woher ERICKSON die Idee genommen hatte, diese Lücke einzusetzen in dieser Aufgabe. Es ist häufig nicht klar bei den Fällen von ERICKSON, woher er bloß seine Ideen nimmt. Aber er findet normalerweise irgendeine Möglichkeit, das Problem so einzusetzen, daß es die Lösung unterstützt.

Die meisten Leute sind nicht so clever wie er, und es ist sehr schwer, ihn zu imitieren. Und es ist schwer herauszufinden, ob es irgendwelche zentralen Prinzipien gibt. JOHN WEAKLAND, ein Partner von PAUL WATZLAWICK, hat mir mal gesagt, daß MILTON ERICKSON Therapie folgendermaßen definiert: Psychotherapie ist, wenn zwei Leute zusammen im Raum sitzen und versuchen herauszufinden, was der eine von ihnen will. Ich denke das ist die exakteste Definition, die wir jemals bekommen können. Es ist jedoch nicht immer einfach herauszufinden, was der Klient möchte. MILTON ERICKSON sagte manchmal: »Wenn der Klient wüßte, was er wollte, dann wäre er kein Klient mehr.«

ERICKSON hat die meiste Zeit allein gearbeitet. Nichtsdestotrotz hat seine Arbeit eine Revolution eingeleitet. Der erste Teil dieser Revolution innerhalb der Psychotherapiewelt begann vor 25 Jahren, als PAUL WATZLAWICK, WEAKLAND, FISH und mein Team zusammen mit INSOO KIM BERG und anderen Kollegen das entwickelten, was wir *Kurzzeittherapie* nannten. Die Ansätze dieser beiden Teams basieren auf verschiedenen, aber doch verwandten Sichtweisen der Arbeit von MILTON ERICKSON. Als die beiden Teams ihre Arbeit begannen, das eine in Palo Alto, das andere in Milwaukee, in den späten 60ern, glaubte die übergroße Mehrheit aller Therapeuten, daß Therapie eine lange Zeit braucht. Die meisten Therapeuten dachten – und zum Teil auch heute noch – daß 200 Sitzungen pro Patient nicht unvernünftig sind. Häufigerweise sahen diese Psychotherapeuten ihre Klienten bis zu vier Mal die Woche, über Jahre hinweg. Diese Überzeugung hielt sich sehr lange, obwohl zwei aus diesen Reihen, nämlich die FREUDschen Analytiker ALEXANDER und FRENCH, andere Forschungsergebnisse bereits 1945 veröffentlichten. Diese Forschung zeigte, daß der »Durchschnittsklient« ungefähr nur vier bis sechs Sitzungen lang in der Therapie verbleibt. Das heißt, es gab eine riesige Diskrepanz zwischen dem Modell, das etwa 200 Sitzungen postulierte, und der Realität von vier bis sechs Sitzungen. Eine andere Studie, die zur dieser Zeit veröffentlicht wurde, besagte, daß 90 % aller Klienten weniger als 20 Sitzungen in Therapie verblieben und 80 % für weniger als zehn. Unglücklicherweise wurden die Daten von den entsprechenden Psychotherapeuten so interpretiert, daß ihre Theorie richtig war, aber die Klienten falsch lagen beziehungsweise – so wurde das dann genannt – Widerstand zeigten.

Als ich mir diese Zahlen in den späten 60er Jahren angeschaut habe, sah ich etwas anderes darin, als die traditionellen Psychotherapeuten. Mir wurde klar, daß die traditionellen Psychotherapiemodelle nicht besonders gut auf die Realität passen. Ich dachte, daß wir alle Modelle über den Haufen werfen sollten, die 200 Sitzungen für Patienten fordern, weil sie zumindest für 90 % der Population unrealistisch sind. Meine Gedanken waren:

Wenn der Durchschnittsklient ungefähr vier bis sechs Sitzungen in der Therapie verbleibt, dann sollten die Therapiemodelle auf diesem Faktum aufbauen. Das sollte die Forschung herausfordern, dafür Modelle zu entwickeln.

Traditionelle Psychotherapeuten glauben nach wie vor, daß diese Idee oder auch der Ansatz von MILTON ERICKSON einfach verrückt ist. Die beiden Teams in Palo Alto und Milwaukee haben sich nichtsdestotrotz genau damit beschäftigt. Beide Teams haben gelernt, daß es in der Tat möglich ist, Klienten individuell oder als Paar oder Familie in weniger als zehn Sitzungen zu behandeln, unabhängig von der Diagnose. Eher näher an fünf Sitzungen. 97 % unserer Klienten sehen uns weniger als zehnmal und ungefähr 55 % sehen uns fünf oder weniger Sitzungen lang. Interessanterweise zeigt all die Forschung, die die traditionelle Psychotherapie mit Kurzzeittherapie vergleicht, daß Kurzzeittherapie mindestens so effektiv ist wie Langzeittherapie. Kurzzeittherapie ist in vieler Hinsicht ökonomischer, und das ist kein unbedeutender Sachverhalt, weil ja die Frage ist, wie es möglich ist, effizient 90 % der Population mit weniger als 10 Sitzungen zu dienen.

Man muß anders denken. Da müssen wir anfangen. Traditionelle Therapie hat die Annahme getroffen, daß unabhängig vom Problem beziehungsweise von der Art des Problems das Problem immer innerhalb des Patienten liegt. Mindestens wurde das, was als falsch oder fehlend empfunden wurde, konzeptionalisiert als so etwas wie beispielsweise eine schwache Realitätsprüfung, als irgendeine Form von Defizit. Irgendwas ist kaputt, irgendwas fehlt. Wenn man herausfinden will, was eigentlich falsch oder kaputt ist, dann scheint es nach diesem Ansatz zu bedeuten, daß man sich das gesamte Leben des Klienten anguckt, weil es überall Möglichkeiten gibt, daß dort etwas falsch gelaufen ist. Da viele Dinge falsch laufen im Leben von jedem von uns, ist es schwierig herauszufinden, welcher dieser Fehlschläge eigentlich das Problem verursacht hat. Manche Modelle sind auch so weit gegangen zu sagen, daß das, was angeblich beim Klienten falsch ist, so etwas wie eine Krankheit ist. Trotz vieler Forschung hat man jedoch nie den Keim oder den Virus gefunden, der das belegen könnte.

Herumzuwühlen und irgendwie an die Ursache des Problems zu kommen, ist eine traditionell westliche Art, mit Problemen umzugehen. In vielen Lebensbereichen funktioniert es auch. Wenn mein Auto nicht funktioniert, dann gehe ich zu einem Automechaniker, und der findet heraus, was kaputt ist. Wenn irgendwas in deinem Haus nicht funktioniert, dann holst du dir einen Installateur, und der schraubt irgendwas um. Aufgrund der Annahme, daß die Ursache für Probleme irgendwo in der Vergangenheit liegt oder da ihre Wurzeln hat, ist der traditionelle Psychotherapeut sehr interessiert an der individuellen Geschichte, am biographischen Hintergrund.

Im Unterschied dazu sind Kurzzeittherapeuten nicht interessiert an dem Ursprung des Problems, ihn irgendwo hypothetisch in der Vergangenheit und deshalb möglicherweise doch nicht zu ergründen. Sie sind normalerweise an der persönlichen Geschichte nicht interessiert, oder an Einsichten oder an Katharsis oder der Familiendynamik. Anstatt sich irgend etwas vorzustellen, was *innerhalb* der Klienten stattfindet, haben die Kurzzeittherapeuten die Idee, die sie entwickelt haben aus der Beobachtung von Paaren und Familien, daß die Art der Probleme, die Klienten mit in die Therapie bringen, sich in erster Linie als Schwierigkeit im *zwischenmenschlichen* Bereich, *zwischen mir und anderen Menschen* manifestieren – anstatt als reine Probleme innerhalb der Person. Deswegen sind Kurzzeittherapeuten vor allem an beobachtbarem Verhalten interessiert, eingeschlossen dem, was der

Klient berichtet. Das beobachtbare Verhalten konstituiert sowohl das Problem als auch die vergeblichen Versuche, das Problem zu lösen, und die erfolgreichen, aber nicht bemerkten Versuche, eine Lösung herzustellen.

Ich gebe ein Beispiel, das das ein wenig aufzeigt. Traditionellerweise wird Depression als Ergebnis eines internalen Prozesses gesehen. Hin und wieder wird jeder von uns an bestimmten Punkten in seinem Leben aus irgendeinem Grund mehr oder weniger depressiv. Traditionelle Psychotherapie versucht die Ursachen dafür herauszufinden, basierend auf der Annahme, daß die Therapie erfolgreich sein wird, wenn ich den Grund, die Ursache für meine Depression kenne. Wenn dies funktioniert, braucht es eine ziemlich lange Zeit. Die Kurzzeittherapeuten haben bei Paaren und Familien etwas anderes beobachtet. Wenn du depressiv bist, dann werden andere Leute, dein Partner, deine Kollegen oder deine Freunde versuchen, dich aufzumuntern. Sie werden dir häufig irgendwelche Gründe aufzeigen, warum du nicht depressiv sein solltest. Im Englischen gibt es einen Spruch, ungefähr: Hinter jeder Wolke gibt es einen Silberstreif am Horizont. Das klingt alles sehr vernünftig, aber funktioniert es? Ich schätze, daß die Antwort hierzu ein lautes »Nein!« ist. Zumindest hinsichtlich meiner Erfahrung mit meinen Klienten, kann ich nur sagen, daß diese Strategie nicht funktioniert. Statt dessen berichten depressive Klienten, daß die Versuche von anderen, sie aufzumuntern, sie noch depressiver machen. Dennoch machen Kollegen und Partner damit weiter, weil das ja so vernünftig klingt. Und dann fängt der Depressive an, sich zurückzuziehen, um diesen Versuchen, aufgemuntert zu werden, zu entgehen. Das führt natürlich dazu, daß er sich noch depressiver fühlt, weil er sich sehr mißverstanden findet. Es führt auch dazu, daß Freunde, Partner, Kollegen ärgerlich auf den Depressiven werden. Diesen Prozeß nennen Kurzzeittherapeuten: »Mehr von dem machen, was nicht funktioniert.« Depressiv zu sein führt zu Versuchen des Aufmunterns, was im Gegenzug die Depressionen wieder verstärkt. Und mehr Depression erweckt wieder neue Versuche des Aufmunterns. In der Kurzzeittherapie ist dieser fehlgeschlagene Versuch einer Lösung ein typisches, ein klassisches Problem. So betrachtet, beinhaltet die Depression mehr als eine Person.

Stellen Sie sich vor, wenn Sie depressiv sind, daß Ihre Kollegen, anstatt Sie aufzumuntern, Ihnen aufzeigen, daß Sie eigentlich noch nicht realistisch genug hinschauen und daß ihre Freunde darauf bestehen würden, daß Sie noch depressiver sein sollten, als sie sich gerade fühlen. Stellen Sie sich das für einen Moment vor. Wie glauben Sie, würden Sie darauf reagieren? Was passiert dann? Wir haben überraschenderweise beobachtet, daß es eine depressive Person nicht mag, wenn ihr gesagt wird, sie sei noch nicht depressiv genug. Deswegen wird sie ärgerlich und kämpft dagegen an. Und interessanterweise wird das dazu führen, daß sie sich besser fühlt.

Der zweite Teil der »Kurzzeittherapie-Revolution« begann in den frühen 80er Jahren. Die Vorgehensweisen, die sich entwickelt haben, waren das Ergebnis einer jahrelangen Beobachtung der Konversation zwischen Klient und Therapeut, mit besonderer Aufmerksamkeit darauf, was zu funktionieren schien beziehungsweise was hilfreich schien. Das waren keine Ableitungen aus irgendeiner großen Theorie. Wir haben erfahren, daß Klienten auf bestimmte Fragen hin berichten, daß ihre Probleme manchmal nicht vorhanden sind. Sogar wenn sie erwarten, daß sie da sind. Diese Zeiten nennen wir *Ausnahmen*. Zum Beispiel: Wenn Leute, die depressiv sind und sich als permanent und dauernd depressiv erleben und sich auch so präsentieren, vom Therapeuten zur richtigen Zeit und auf die richtige Art und Weise befragt werden, dann berichten sie über Zeiten, in denen sie nicht depressiv sind oder zumindest über Zeiten, in denen sie deutlich weniger depressiv sind. Außerdem stellt sich heraus, wenn man Partner, Freunde oder Kollegen befragt, daß auch sie Zeiten benennen können, wo der Klient nicht depressiv ist. Es ist vielleicht überraschend, daß einfach das wiederholte und bewußte Aufzeigen dieser Ausnahmen allein den Effekt haben kann, daß Klienten sich weniger depressiv fühlen und das Gefühl haben, sich mehr auf ihre Ziele zuzubewegen. Es ist schon oft gesagt worden, daß die Idee eigentlich zu einfach sei, Klienten zu sagen: »Machen Sie das, was funktioniert, anstatt das, was nicht funktioniert.« Und es stimmt, es ist eine sehr einfache Idee. Aber als ein Therapeut lassen Sie mich sagen: Es ist nicht einfach umzusetzen.

Ich möchte ein weiteres Fallbeispiel erzählen: Eine junge Frau, 23 Jahre alt, die von sich sagte, sie sei kokainabhängig, wurde von ihrer Mutter zu mir geschickt. Die Mutter arbeitete ein paar Stockwerke höher in demselben Gebäude, in dem wir unser Büro hatten. Sie war die Sekretärin meines Versicherungsagenten. Diese junge Frau hatte sich für die letzten 18 Monate lang regelmäßig Kokain in ihren Arm gespritzt. Sie berichtete mir, daß sie mehr Geld in Kokain gesteckt hat, als sie eigentlich verdient hat. Ihr war selber völlig klar, daß ihr Kokainverbrauch außerhalb ihrer eigenen Kontrolle lag. Trotzdem hat sie mir in diesem ersten Interview spontan von einer größeren Ausnahme erzählt. Die drei Tage, die direkt vor diesem Interview lagen, hatte sie kein Kokain genommen. Das war ihre längste Zeitspanne, die sie clean geblieben war innerhalb der letzten 18 Monate. Sie dachte natürlich nicht, daß das bereits ihr Problem gelöst hätte, weil sie noch immer eine Sucht nach Kokain hatte. Aus meiner Sicht jedoch hatte sie bereits begonnen, das Problem zu lösen, nur daß sie sich darüber selbst noch nicht im klaren war. Ich begann also zusammen mit ihr zu erforschen, was sie in diesen drei Tagen anders als sonst getan hatte. Es stellte sich heraus, daß das eigentlich ganz einfache Dinge waren: Zum Beispiel hatte sie ihr Telefon ausgesteckt, so daß niemand sie anrufen und sie animieren konnte: »Hey, laß uns ein bißchen Coke nehmen.« Aus demselben Grund ging sie auch nicht an die Tür, wenn jemand klingelte. Wenn sie von der Arbeit nach Hause gekommen war, hatte sie einfach ein bißchen ferngesehen und war früh ins Bett gegangen. Sie hatte ihre Geldgeschäfte quasi ihrer Tante übergeben, die im selben Büro mit ihr arbeitete. Die Tante verwaltete das Geld für sie.

Eine andere Art, Drogenabhängigkeit zu betrachten, ist die, dies als eine Geldabhängigkeit, einen Geldmißbrauch zu sehen. Sie hatte das bereits getan, sie hatte ihre Geldangelegenheiten in die Hände der Schwester ihrer Mutter gelegt. Das war eine brillante Idee. Ich sagte ihr das auch. Und ich sagte ihr auch, daß das genau die Dinge seien, die sie weiter fortführen müsse. Und sie stimmte zu. Ich schlug ihr auch vor, daß sie sehr genau beobachten sollte, was sie machte, um den Druck zu überwinden, den sie hatte, wenn sie sich Kokain in den Arm spritzen wollte, und sehr genau zu beobachten, was es war, was sie statt dessen tat. Sie war schnell bereit mir zu sagen, daß sie das auch als eine nützliche Aufgabe empfand. In der zweiten Sitzung berichtete sie dann, daß sie 17 weitere Tage ohne Kokain hinter sich hatte. Sie hatte festgestellt, daß sie ihren Suchtdruck so überwand, daß sie einfach in ein anderes Zimmer ging und irgendwelchen häuslichen Pflichten nachging oder sich ihrem Hobby widmete oder irgend etwas anderes tat. In jeder der folgenden Sitzungen, die sich über drei Monate erstreckten, berichtete sie immer wieder, daß sie kokainfrei lebte und ihr Leben auf wünschenswerte Weise weiterentwickelt hatte. Zu keiner Zeit gaben wir ihr irgendeine Hausaufgabe, die etwas anderes beinhaltete als das, was sie bereits tat. Ich traf sie zufällig fünf Jahre später auf einem Konzert wieder, und sie sagte mir, daß sie über diese ganze Zeitspanne hinweg kokainfrei gelebt hat. Ihre Mutter hat mir auch Jahre später genau dasselbe berichtet.

Wir haben etwas sehr Interessantes herausgefunden. Was die Klienten von der Therapie wollen und wie Klienten Erfolg oder Fortschritt in der Therapie bewerten, ist ganz anders, als wie Psychotherapeuten und Forscher Erfolg oder Fortschritt bewerten. Wir haben das immer wieder gesehen, wenn wir unsere Daten angeschaut haben. Wir meinen, daß Therapeuten und Forscher einfach falsch liegen. Die Klienten haben recht, die Therapeuten unrecht. Denn letztendlich ist es das Problem des Klienten, und deswegen ist er oder sie auch der oder die einzige, der oder die beurteilen kann, inwieweit die Therapie ein Erfolg war, was eigentlich eine ziemlich radikale Idee darstellt. Ich komme noch einmal darauf zurück.

Vor einigen Jahren wurde ein Paar, das in den Dreißigern war, zu mir von einem Therapeuten aus einer ferneren Stadt überwiesen. Um einige Eindrücke von den beiden zu vermitteln, erzähle ich einige Dinge, die ich noch nicht wußte, als die Therapie begann. Der Mann war 19 Jahre zuvor als paranoid-schizophren diagnostiziert worden und war seitdem fortwährend in Therapie gewesen und auch immer unter Medikation. Nichtsdestotrotz hatte er an einer größeren Universität in den USA einen höheren Abschluß gemacht und war auch immer wieder einmal angestellt gewesen. Seine Frau hatte vor ungefähr zehn Jahren die Diagnose Zwangsstörung erhalten und war seit diesen zehn Jahren auch in Therapie; kürzlich hatte sie noch die Diagnose einer Depression erhalten.

Deswegen bekam sie Medikamente. In der ersten Sitzung erzählten sie mir, daß sie seit neun Jahren zusammen sind. Während dieser Zeit hatte sie ihn viele Male verlassen, und gleichzeitig hatte er sie auch häufiger darum gebeten, daß sie ihn verläßt, was sie dann auch immer tat. Aber jedesmal kamen sie danach wieder zusammen, trotz der Einwirkungen beider Eltern, das nicht zu tun.

In der Sitzung sagten sie, daß sie Eheprobleme in die Therapie brächten. Sie gaben beide an, daß sie über eine Scheidung nachdächten. Ich wußte nichts von dem ganzen Hintergrund, den ich gerade in Stichworten erzählt habe. Nachdem ich sie gefragt hatte, was sie hierherführe, und sie von ihren Eheproblemen anfingen, saßen sie dann schweigend da. Ich entschied, daß ich sie fragen wollte, wie sie denn erkennen könnten, daß diese Eheprobleme *nicht* mehr existieren. Und ich fragte sie das, was wir die Wunderfrage nennen: »Stellen Sie sich vor, Sie gehen nach Hause, und Sie gehen heute abend zu Bett, und während Sie schlafen, geschieht ein Wunder, und das Problem, mit dem Sie in Therapie gekommen sind, ist einfach verschwunden. Ganz einfach so. Aber das passiert während Sie schlafen, deswegen wissen Sie gar nicht, daß dieses Wunder stattgefunden hat. Wenn Sie dann am nächsten Morgen aufwachen, woran würden Sie merken, daß dieses Wunder stattgefunden hat?«

Ich erinnere mich daran, als JOHN WEAKLAND das erste Mal gesehen hat, daß wir diese Frage einem Klienten stellten. Wir saßen zusammen hinter dem Einwegspiegel, und WEAKLAND sagte zu mir: »Genau das, was die wirklich wollen, ist ein Wunder. Wieso waren wir immer so blöd, nicht danach zu fragen?« Der Ehemann antwortete auf die Wunderfrage, daß die Depression seiner Frau dann vorbei wäre. Sie würden öfters Geschlechtsverkehr haben und es genießen, sie würde aufhören, so oft zu weinen, sie würde einen anständigen Job kriegen, er würde aufhören, diese Stimmen in seinem Kopf zu hören, und seine Frau würde Orgasmen haben, wenn sie miteinander Sex haben. Sie sagte, ihr Mann würde dann aufhören ihr zu sagen, was sie machen soll. Das wäre ein Wunder, in der Tat. Er würde öfters mit ihr sprechen, er würde ihr mehr Aufmerksamkeit widmen, sie würden öfters miteinander schlafen, sie würde in ihrem Job arbeiten, und er würde in seinem Beruf arbeiten. Die Häufigkeit von Geschlechtsverkehr war im letzten Monat auf einmal pro Monat gesunken, und sie einigten sich dann, daß dreimal im Monat ein Zeichen für eine deutliche Verbesserung sei.

In den drei Wochen vor dem Interview hatte sie bereits begonnen, sich nach einem Job umzusehen, und zwar das erste Mal seit einer langen Zeitspanne. Er berichtete, daß zum Zeitpunkt dieses Interviews seine Stimmen im Kopf schwiegen. In den drei Tagen vor dem Interview hatte er bereits bewußte Anstrengungen unternommen, ihr weniger Anweisungen zu geben und mehr mit ihr zu sprechen. Es gab auch kürzlich Zeiten, von denen er berichtete, daß sie einen viel weniger depressiven Eindruck auf ihn machte, wobei sie sich an diese Zeiten nicht erinnern konnte. Wir haben also sechs verschiedene Möglichkeiten zusammengetragen, woran sie erkennen könnten, daß das Problem gelöst ist, und alle diese Möglichkeiten waren innerhalb ihrer Erfahrung, so daß sie wußten, wie sie das machen konnten. Natürlich ist das ein hoher Anspruch, aber wir haben wirklich gefragt, wie ein Wunder aussehen würde. Ich war sehr versucht, wenigstens etwas Skeptizismus zu zeigen. Von einer traditionellen Perspektive her gesehen, wäre allein mit einem von den beiden zu arbeiten schon mehr als genug Arbeit gewesen. Ich dachte, wenigstens um auf der sicheren Seite zu sein, sollte ich keinerlei Fortschrittserwartung haben, und die beiden sollten es eigentlich auch nicht haben. Aber aus meiner Erfahrung habe ich gelernt, das, was die Klienten sagen, auch anzunehmen. Das heißt, ich habe ihnen einfach zugehört und aufgeschrieben, was sie machen wollten. Ich unterdrückte meinen Pessimismus. Das war zwar nicht einfach, aber ich habe es getan.

Während der ersten Sitzung und auch in den folgenden Sitzungen haben wir nie irgendwelche der Probleme, die sie angesprochen hatten, näher untersucht. Sie haben eine Menge mehr erwähnt, als ich hier wiedergegeben habe. Wir haben uns statt dessen darauf konzentriert, woran sie erkennen könnten, daß diese Probleme verschwunden sind. Am Ende der ersten Sitzung schlugen wir ihnen vor, daß beide von ihnen sich innerhalb der nächsten Wochen zwei Tage aussuchen sollten, an denen sie sich heimlich vortäuschen sollten, daß die Probleme, mit denen sie in Therapie gekommen waren, schon verschwunden sind. Gleichzeitig sollten sie den anderen heimlich beobachten und schauen, wie er auf diese Vortäuschungen reagiert, und sie sollten herausfinden, welche Tage der Partner benutzt, um etwas vorzutäuschen. Sie sagten, das klingt, als würde es Spaß machen. Am Beginn der zweiten Sitzung beschrieben sie auch, daß sie viel Spaß mit der Hausaufgabe gehabt haben. Ihre Schätzung darüber, wann der andere etwas vortäuscht, war etwa zu 50 % richtig, und das war normal. Sie berichteten folgende Verbesserungen: Sie sagte, er sei viel weniger als üblich mit ihr ärgerlich gewesen, sie hätten häufiger, wenn sie in der Öffentlichkeit gewesen seien, lockeren Small talk miteinander gehabt. Auf einer Skala von 0 bis 10, wobei 10 dafür steht, daß die Depression vorbei ist, hatte sie sich von der ersten bis zur zweiten Sitzung von 0 auf 4 bewegt. Auf einer anderen Skala von 0 bis 10, wobei 10 dafür steht, daß die Beziehung so gut ist, wie sie nur werden kann, berichtete sie, daß sie sich auch von 0 auf 4 bewegt hätten. Er sagte, daß sie zweimal in dieser Woche miteinander geschlafen hätten, daß er keinerlei

Stimmen gehabt habe an den Tagen, wo er das Wunder vortäuschte, während der Woche habe er viel öfter mit ihr gesprochen. Er machte damit weiter, ihr ganz bewußt keine Anweisungen zu erteilen. Er hatte auch beobachtet, je häufiger er mit seiner Frau sprach, um so geringer wurde die Auftretenshäufigkeit seiner Stimmen. Er schätzte auch ein, daß die Häufigkeit der Stimmen von 10, was das schlimmste war, was er kannte, auf 8 heruntergesunken war. Er stimmte ihr zu, daß sich die Beziehung von 0 auf 4 verbessert hatte. Wir haben ihnen gesagt, sie sollen einfach mit dem weitermachen, was funktioniert, eingeschlossen der Vortäuschungen.

In der fünften Sitzung, also acht Wochen nach dem ersten Interview, berichtete sie, daß die Häufigkeit des Geschlechtsverkehrs ihre Erwartungen weit übertroffen hatte. Sie wären jetzt bei zweimal in der Woche. Ich habe dann gesagt: »Vielleicht war das ein wirkliches Wunder, das stattgefunden hat.« Die Häufigkeit der Stimmen bei ihm war von 10 auf 4 heruntergegangen. Beide schätzten ihre Beziehung zwischen 6 und 7 ein. Sie schätzte ihre Depression auf 7 (10 stand dafür, daß sie vollkommen verschwunden war). Während dieser Periode hatten sie auch aufgehört, irgendwelche anderen Therapeuten zu sehen. Und sie hatten aufgehört, ihre Medikamente zu nehmen. Am Ende dieser Sitzung sagten wir ihnen wieder, sie sollten fortführen, was funktioniert, das So-tun-als-Ob eingeschlossen. Ich habe sie vier Jahre danach dreimal zufällig wiedergetroffen. Irgendwo in Einkaufszentren oder Cafés. Jedesmal berichteten sie, daß sie ungefähr eine 7 in ihrer Beziehung halten konnten. Beide von ihnen arbeiten in ihrem Beruf, und sie haben nicht darüber gesprochen, oder auch nur darüber nachgedacht, sich scheiden zu lassen. Nach unserem letzten formalen Treffen hat keiner von ihnen irgendeinen Therapeuten gesehen oder Medikation gebraucht.

Um es zusammenzufassen: Wir haben gelernt, daß die Aufgabe der Kurzzeittherapie nicht darin besteht, das Problem zu lösen, sondern vielmehr herauszufinden, was die Klienten anstelle des Problems möchten, wenn das Problem verschwunden ist, und dann den Klienten dabei zu helfen, diese Ziele zu erreichen. Es hat uns selber überrascht, aber die Lösung kann entwickelt werden ohne herauszufinden, was genau das Problem ist, und Lösungen können ohne direkte Versuche, das Problem zu stoppen, entwickelt werden. Therapie kann also manchmal stattfinden, ohne daß man weiß, was das Problem ist oder was genau die Lösung ist.

Vor einigen Jahren kam eine junge Frau zu mir, die sagte mir, sie könne mir nicht sagen, was das Problem sei, weil ihr das zu peinlich sei. Ich fragte sie dann, ob sie wissen könnte, wenn das Problem verschwunden sei. Sie sagte »Ja«, und ich bat sie dann, mir das zu beschreiben, und da sagte sie mir wieder, das könne sie mir nicht sagen, das sei ihr zu peinlich, denn ich wüßte ja ganz genau, was eigentlich das Problem wäre, wenn sie mir beschreiben würde, wie es wäre, wenn das Problem nicht mehr da ist. Ich dachte mir an diesem Punkt, wie schön wäre es, wenn ERICKSON hier wäre, ich bräuchte sicher seine Hilfe bei dem Problem. Wir wissen nicht, was das Problem ist, und wir wissen nicht, was die Lösung ist. Ich fragte an diesem Punkt: »In Ordnung, wenn dein Problem hier ist und die Lösung da, kennst du die Schritte, die da hinführen?« Sie sagte »Ja«, und ich sagte: »O. k., sag mir nicht, was das ist.« Das heißt, wir etablierten einen Skala von 0 bis 10, und ich ließ sie sich einfach vorstellen, was die einzelnen Punktwerte auf der Skala sein würden. Sie hat mir nie irgend etwas davon inhaltlich erzählt. Zu diesem Zeitpunkt hatte ich ihr bereits verboten zu sprechen. Ich ließ sie sich einfach die einzelnen Schritte auf dem Weg vorstellen, direkt von einer Falldarstellung von ERICKSON kopiert. An einem Punkt auf der Skala gab sie mir auf einmal die Hand, sagte »Dankeschön!« und verließ mich. Glücklicherweise hat sie bezahlt.

Ich war sehr neugierig darauf, herauszufinden, was da eigentlich passiert ist. Ich bin dann hingegangen und habe mir ihre Telefonnummer und Adresse herausgesucht, um so ein bißchen das Follow-up zu verfälschen, um sicherzustellen, daß ich von ihr irgendwelche Aussagen bekäme. Normalerweise machen wir das Follow-up zufällig, und so hatte ich sichergestellt, daß ich von ihr Informationen bekomme. Nach sechs Monaten stellte sich heraus, daß es ein falscher Name und eine falsche Adresse gewesen waren. Eines Tages bekam ich eine Postkarte vom anderen Teil des Landes. Da stand drauf: »Ich habe die 12 erreicht!« Ich dachte: »Mein Gott, ich wüßte zu gerne, was sie jetzt vorhat.« Aber ich denke, solange sie weiß, was sie tut, ist das ja eigentlich alles, was wichtig ist. Wenn der Klient entscheidet, wohin die Therapie gehen soll, und der Therapeut ihn einfach begleitet, wird die Therapie nicht so lange dauern. Denn der Klient trifft die Entscheidungen.

Luc Isebaert aus Belgien hat ein Alkohol-Behandlungsprogramm in einer Klinik. Dort haben die Klienten die Wahl, ob ihr Therapieziel Abstinenz oder kontrolliertes Trinken ist, ob sie lieber stationär oder lieber ambulant behandelt werden wollen oder im Rahmen einer Tagesklinik. Sie haben also viele Wahlmöglichkeiten. Dieses Modell erlaubt ihnen auch, ihre Meinung zu ändern. Isebaert hat sehr eindrucksvolle Ergebnisse, nach fünf Jahren. Es gibt 5-Jahres-Katamnesen: 60 % aller Klienten sind nach fünf Jahren noch abstinent, 20 % machen etwas, was man als kontrolliertes Trinken bezeichnen kann, das heißt, sie trinken ohne irgendwelche negativen sozialen Konsequenzen, so wie die meisten von uns.

Das sind eigentlich unglaubliche Zahlen. In diesem

Projekt wurde nicht nur mit den Patienten, sondern auch mit dem Rest der Familie gesprochen, wenn man sie auftreiben konnte. Es gibt also einige Anhaltspunkte, sowohl dort als auch in unseren Projekten, daß, wenn man dem Patienten die Kontrolle in die Hand gibt darüber, wie und wohin die Therapie verlaufen soll, wir erfolgreicher sind und daß es weniger Zeit braucht, das Ergebnis zu erzielen. Die Patienten bleiben zum Beispiel zwei bis fünf Wochen in der Klinik stationär, und das ist alles. Das spart außerdem eine ganze Menge Geld.

Wir hatten ein Sprichwort an der Wand über unserem Spiegel in Milwaukee: »Kurzzeittherapeuten haben entdeckt, daß Kurzzeittherapie dem ökonomischen Wohlbefinden von Kurzzeittherapeuten eigentlich entgegensteht.« Wir finden uns dann auf Vorträgen oder beim Bücherschreiben wieder.

Übersetzt von Heike Schermer.

GUNTHER SCHMIDT

Gestaltungsmöglichkeiten systemisch-lösungsorientierter Therapie

Verknüpfungen und Varianten

Ich möchte gleich zu Anfang das Thema dieses Beitrags
noch etwas anders formulieren: »Wie kann ein lösungsorientiertes Arbeiten, das sich stringent an der Prämisse
orientiert, die Kompetenzen der zusammenarbeitenden
Leute in das Zentrum des Aufmerksamkeitsfokus zu
rücken, wie kann dies aber paßgenau, in die jeweiligen
Kontextbedingungen eingebettet werden, in denen es
eben stattfindet?« Bei so allgemeinen Formulierungen
wie »Lösungsorientierung« oder »auf die eigenen Kompetenzen vertrauen« fehlt aus einer systemischen Sicht
der *Kontextbezug*. Aus einer systemischen Sicht gewinnt
alles, jedes Phänomen seine jeweilige Bedeutung innerhalb seines Kontextes, in der Einbettung in den Sinnzu-
sammenhang. Das bezieht sich selbstverständlich auch
auf therapeutische Konzepte selbst: Konzepte wie die
Lösungsorientierung in der Psychotherapie sind im
deutschsprachigen Raum auch wieder eingebettet in den
Kontext einer Organisation des Gesundheits- oder
Krankheitswesens. Insofern sind diese Konzepte auch
darauf abzustimmen, wieweit sie kompatibel sind mit
vorgegebenen Regelungen und wieweit sie bestimmte
Modifikationen berücksichtigen müssen. Das bringe ich

gleich zu Anfang, weil ich eine lange Lerngeschichte hinter mir habe. Vor zehn, zwölf Jahren habe ich häufig, schon fast euphorisch und ins Missionarische gehend, über diese Lösungsorientierung geredet. Nachdem ich bei MILTON ERICKSON war und mich das sehr bewegt hat, sah ich als Teil der Heidelberger Gruppe um HELM STIERLIN ein Hauptanliegen darin, systemische und hypnotherapeutische Konzepte zu einem kompetenzorientierten Konzept zu integrieren. Speziell in Bereichen wie der psychiatrischen Institutionswelt oder der Suchtberatung habe ich ganz missionarisch orientierte Vorträge gehalten, beispielsweise zu dem Thema, wie man aus dieser Sicht heraus das Krankheitskonzept auflösen sollte. Es war für mich am Anfang sehr irritierend, daß da nicht so stark die Begeisterung zurückkam, wie ich sie mir erhofft hatte. In der Zwischenzeit habe ich das besser verstanden. Deshalb will ich von vornherein verdeutlichen, daß alles, was ich hier mitteile, ein Arbeitsmodell, eine *Wirklichkeitskonstruktion* ist; keine Wahrheit, aber eine Wirklichkeit, die *wirkt*. Darum geht es ja die ganze Zeit, nicht um Wahrheiten, sondern um Wirklichkeiten, die wirken. Selbstverständlich ist auch diese Wirklichkeit, auch wenn sie noch so wirkt, nicht im mindesten ein Hinweis darauf, ob man irgendein Krankheitskonzept verabschieden oder hinterfragen sollte, weil letztendlich ein Krankheitskonzept auch eine Wirklichkeitskonstruktion ist, die wirkt. Dementsprechend muß immer untersucht werden: Auf welche Ziele, auf welche Kontextbedürfnisse bezogen sollte man welches (Krankheits-)Konzept auswählen, so daß es effektiv paßt und genau wirkt.

Ich plädiere für eine vollkommen flexible, nicht beliebige, aber zieldienlich orientierte Nutzung verschiedener Konzepte, wo dann ein *lösungsorientiertes Konzept* und ein *Krankheitskonzept* völlig gleichwertig als zwei Wirklichkeitskonstruktionen genutzt werden können, die eben wirken, je nach dem, wofür man sie gebrauchen will. Das möchte ich vorwegschicken und für ein Verständnis plädieren, daß es sich auch bei Symptomprozessen durchaus um intensive Kompetenzen handelt. Kompetenzen, die allerdings in dieser Form als Symptom einen hohen Preis haben, so daß man dann nach einer anderen, weniger kostenintensiven Lösung sucht. Daraus entsteht natürlich bei systemisch-lösungsorientierten Therapeuten eine gewisse Neigung, Krankheitskonzepte nicht so ganz zu mögen wie lösungsorientierte Konzepte und Krankheitskonzepte womöglich als Defizit zu definieren, obwohl doch das Bestreben dahin geht, Defizitdefinitionen aufzulösen. Also betrachten wir lieber beide Konzepte gleichrangig. Alles, was ich sage, ist in dieser Hinsicht gemeint, wobei natürlich die Bedeutung der Botschaft nicht von meiner Seite bestimmt wird, sondern vom Empfänger der Botschaft.

Die Gestaltungsmöglichkeiten systemisch-lösungsorientierter Therapie müssen differenziert werden. Denn je nachdem, in welchen Kontexten wir diese Gestaltungsmöglichkeiten verwenden wollen, etwa in ambulanten oder in stationären Kontexten, gibt es natürlich gravierende Unterschiede, die berücksichtigt werden müssen. Ich möchte zunächst noch ein paar Grundprämissen kurz zusammenfassen. Die lösungsorientierten Konzepte haben ihre Wurzel in der ERICKSONschen Hypnotherapie und lassen sich aus dieser hypnotherapeutischen Verständnisweise erklären, auch wenn heute überhaupt nicht mehr mit direkten oder indirekten Tranceinduktionen gearbeitet wird. Was da in der kompetenzorientierten Hypnotherapie passiert, wird grundsätzlich unter dem Aspekt verstanden, daß es immer Ausdruck von einer intensiven *Aufmerksamkeitsfokussierung* ist. Man könnte in Kurzform all diese Prozesse als systematisierte Fokussierung der Aufmerksamkeit in der Kommunikation auf die willkürliche und auf die unwillkürliche unbewußte Ebene definieren. Es geht also immer um Aufmerksamkeitsfokussierung, und da stellt sich natürlich sofort die Frage: Wohin soll die Aufmerksamkeit fokussiert werden? Das ist eigentlich die Grundidee dieser Lösungsorientierung. Es geht bei diesem Verfahren nicht darum, Probleme zu lösen, sondern *Lösungen zu konstruieren*, und zwar auf allen denkbaren Ebenen der Klienten: intrapsychisch-individuell und interaktionell-systemisch. Dies muß natürlich auf Kontextbedingungen bezogen werden, wie dem Gesundheits- oder Krankheitssystem. Wir müssen also ein gewisses Jonglieren der Zieldefinitionen praktizieren, so daß die Ziele des Gesundheits- oder Krankheitssystem *und* die Ziele der Klienten berücksichtigt werden. Das ist anders, wenn man im privaten Kontext arbeitet, und die Klienten alles selbst bezahlen. So müssen bestimmte Paßgenauigkeitskriterien beachtet werden. Auf die komme ich gleich.

Ein biographisches Beispiel von MILTON ERICKSON illustriert, worum es geht. MILTON ERICKSON war mit 17 Jahren das erste Mal an Kinderlähmung erkrankt. Alles, was er die nächsten 50 Jahre an enorm systematisierten hervorragenden Konzeptionen entwickelt hat, ist aus meiner persönlichen Sicht alles schon in diesen Grunderfahrungen vorerlebt worden und nachher dann nur noch systematisiert worden. Als er mit 17 erkrankte, da war er bis zum Hals gelähmt. Die Ärzte haben die Prognose gestellt, daß er die Nacht nicht überleben wird, was ihn so erboste, daß er eine der zentralen Erkenntnisse für die spätere Therapie wohl schon dort gewonnen hat, sinnlich wohl sehr drastisch erlebte, nämlich: Wie entsteht innere Motivation bezogen auf ein Ziel? Das kann sogar Ärger und Wut sein. In seinem Fall war es so. Er hat sich nämlich geschworen: »Denen werd' ich's zeigen.« Er hat seine Mutter gebeten, an das Fenster geschoben zu werden, damit er das Morgengrauen erleben kann. Dann hat er die ganze Nacht systematisch fokussiert, und zwar immer nach vorne, nicht nach hinten, auf das kommende Morgengrauen. Indem er auf das kommende Morgengrauen fokussiert hat, hat es ganz offensichtlich bei ihm einen mentalen, aber auch einen psychophysiologischen Prozeß gegeben, der die Prognose der Ärzte widerlegte. Er hat die Nacht überlebt. Er hat danach noch lang gelebt, ist 79 Jahre alt geworden, obwohl er nachher noch mal eine Polio-Infektion hatte. Er lag dann über zwei Jahre praktisch im Bett und hat mit Hilfe einer Krankengymnastin sich wiederherstellen können, bis dahin, daß er mit nur noch einem Krückstock auf der rechten Seite herumlaufen konnte.

Allerdings war es eigentlich ein tragisches Geschick für ihn, weil er bei seiner ganzen Aktivität zur Selbsthilfe nicht auf die Beispiele aus der Psychotherapieliteratur zurückgreifen konnte; deswegen konnte er entscheidende, wichtige Psychotherapieerkenntnisse, die uns bekannt sind, nicht beachten. Er hat zum Beispiel die tiefenpsychologische Tradition überhaupt nicht gekannt und hat sich deswegen so gut wie nie gefragt, *woher* kommt es. Er hat sich auch nie gefragt: »An was erinnert mich das, wenn ich jetzt so gelähmt herumliege?« – »An welche früheren Lähmungserlebnisse erinnert mich das?« Er hat sich noch nicht einmal gefragt: »Welche Gefühle eventueller Trauer oder Aggressionen weckte es in mir, jetzt gelähmt in der Gegend herumzuhängen?« Oder: »Welche Matratze müßte ich jetzt klopfen, falls ich das noch könnte, um einen Affektstau auflösen zu können?« Noch nicht einmal, und das ist eine besonders große Sünde für einen Systemiker, hat er sich gefragt: »Welche Funktion hat meine Lähmung in unserem System?« Das hat ERICKSON alles nicht gewußt, und das alles konnte er sich nicht fragen. Eigentlich muß man sich wundern, daß er dennoch zu einer Lösung kam. Er kam aber dazu. Was hatte er sich gefragt? Er hatte sich gefragt: »Wie war das noch mal, als es gut war? Wie war es noch mal, als ich meinen Finger bewegen konnte? Wie war das noch mal, als ich wahrnehmen konnte, welche Empfindungen da und dort in mir waren? Was würde ich wahrscheinlich tun, wenn ich wieder einen Muskel bewegen könnte?« Er hat seine kleine Schwester, die gerade vom Krabbeln zum Laufen überging, von seiner Mutter immer vor das Bett stellen lassen, um systematisch darauf zu fokussieren, wie sie das macht, vom Krabbeln zum Laufen zu kommen, und er hat es mental ständig *re-imaginiert*, den ganzen Tag. Er konnte keine kaputten Nerven regenerieren, aber er konnte alles reaktivieren, was es an psychophysiologischer Kompetenz noch in ihm gab. Der Fokus der Aufmerksamkeit war dabei ausschließlich auf Situationszusammenhänge, auf Kontexte und auf Lösungszeiten in Richtung Vergangenheit, Gegenwart, Zukunft gerichtet, und das hat reaktiviert, was reaktivierbar war.

Praktisch alles, was es heute in lösungsorientierten Konzepten gibt, läßt sich in dieser kleinen biographischen Notiz wiederfinden. Das ist heute natürlich ausgearbeitet und viel systematisierter in den unterschiedlichen Arbeiten, aber letztendlich geht es genau darum. Wir können auch die neurologischen oder neurophysiologischen Forschungsergebnisse berücksichtigen, weil man weiß, daß praktisch alles, was ein physiologischer Prozeß ist, auch bildhaft in uns abgebildet ist. Anders formuliert: Die jeweiligen Bilder, die bewußten und auch die unbewußten Visionen, die Imaginationen in uns tendieren dazu, sich *physiologisch* umzusetzen. Deswegen ist es eine der zentralen Aufgaben, für die auch STEVE DE SHAZER sehr verdienstvolle Arbeit geleistet hat, daß man bei der gesamten Arbeit des lösungsorientierten Vorgehens sehr konsequent darauf achtet, wie diese Zielvisionen formuliert werden müssen. Die Zielvisionen müssen immer so formuliert werden, daß sie *bildhafte Prozesse* in uns anregen können, die eben genau physiologisch in die gewünschte Richtung wirken. Das bedeutet, daß die Ziele ausschließlich definiert werden sollen in Richtung von Anfängen – also nicht: was ist weg (was allerdings in der Tradition unserer Psychotherapie quasi das Eingangsstatement bei allen Gesprächen ist), sondern: was fängt an, was sind die nächsten konkreten, kleinen, sinnlichen Schritte, intra- und interpsychisch, wenn die Lösung passiert. In der sogenannten Wunderfrage ist das ein zentraler Aspekt.

Es geht also darum, immer eine *Lösungsvision* zu schaffen, nicht damit irgendwelche Probleme bagatellisiert oder übergangen werden oder womöglich auch noch zynisch über Leid hinweg geschaut wird – das ist überhaupt nicht die Idee. Die Idee ist, weil wir diese gehirnphysiologischen Aspekte konsequent berücksichtigen wollen, daß wir den Fokus der Aufmerksamkeit auf eine Lösungsvision richten, die *positiv*, *sinnlich*, *konkret* ist – so konkret, wie es eben geht. Dies ist die Hauptaufgabe bei lösungsorientierter Arbeit.

Nun klingt das sehr einfach. Das muß natürlich ganz spezifisch auf die jeweiligen Kontextbedingungen übertragen werden, in denen die jeweiligen Menschen zusammenarbeiten. Nehmen wir zum Beispiel den Fall einer Psychotherapie, zur Vereinfachung erst mal eine ambulante. Dann fragt man nicht: »Was ist das Problem, was Sie hierherführt?« Denn jede Kommentierung, jede Satzkonstruktion wird daraufhin überprüft, wohin sie den Fokus der Aufmerksamkeit aller Beteiligten führt. Wenn ich frage: »Was ist das Problem, was Sie hierher führt?«, führt sie in den Problembereich, und das ist eher eine ungünstige Fokussierung. Also fragt man bei der Eröffnung des Gesprächs besser: »Was führt Sie her, und was soll hier rauskommen?« Von vornherein ist es die zentrale Aufgabe, in der ersten Sekunde, mal übertrieben gesagt, schon einen Fokussierungsrahmen zu schaffen, einen Brückenschlag in die Zeit des Gewünschten. Das geht zum Beispiel einfach dadurch, daß man die Leute einlädt, darüber zu reden und erst mal zu definieren, was sie möchten. Der Prozeß therapeutischer Zusammenarbeit ist ein Mittel zum Zweck, ist quasi eine professionelle Dienstleistung. Das klingt manchmal ein bißchen nüchtern, so muß man es natürlich nicht sagen, aber wenigstens in die Richtung zu denken wäre hilfreich. Die therapeutische Begegnung ist ein Mittel zum Zweck, und die Frage ist, zu welchem Zweck und was soll dabei rauskommen?

Wenn man aber nur so arbeitet, kann das wieder Irritationen auf der Seite der Klienten hervorrufen. Ausgehend von der ERICKSONschen Denkweise reicht es nicht, einfach auf der inhaltlichen Ebene eine Lösungsfokussierung vorzugeben. Damit wird auf der impliziten Beziehungsebene zwischen Therapeut und Klient sofort auch eine Botschaft vermittelt, nämlich: »Ich lade Sie ein, sich jetzt nicht so sehr mit dem Problem zu beschäftigen, sondern mit den sogenannten Lösungen.« Wenn aber jemand in einer bestimmten Kultur lebt, wo sich beispielsweise die soziale Vernetzung, die Aufgehobenseinserfahrung darin widerspiegelt, daß man ständig über Probleme redet, dann geraten diese Leute bei der Lösungsorientierung in ein (kleines) Dilemma. Dann befürchten sie vielleicht, daß sie weniger Zuwendung bekommen (die sie mit dem Problem bekämen); oder daß sie bisher etwas falsch gemacht haben, da sie sich ja sehr mit dem Problem beschäftigten. Das bedeutet, die Lösungsorientierung, so gut sie gemeint ist, muß unter diesen Umständen auch eine Metaebene lösungsorien-

tiert berücksichtigen, nämlich: Wie macht die jeweils entwickelte Lösung (z. B. in Form von Problemgsprächen)
einen fit? Konstruktivistisch gesehen (laut GLASERFELD
und WATZLAWICK) ist es ja entscheidend, ob etwas einen
»fit« macht, ob es zu einem paßt, ob es eine paßgenaue
Lösungsmöglichkeit ist in dem jeweiligen Kontextge-
schehen, ob sie dort eine ökologische Nische findet, so
daß man lebensfähig bleibt. So muß also auch die Lösung
viabel sein und fit machen, damit sie lösungsorientiert in
den jeweiligen systemischen Kontext paßt.

Lösungsfit würde dann also auch heißen, daß man die
Wertsysteme der Familien berücksichtigt, aber auch die
des Gesundheits- oder Krankheitssystems, in dem wir
arbeiten. Im Bereich der Suchtbehandlung gibt es ganz
klare, seit 1968 vorgegebene Kriterien, zum Beispiel, daß
Alkoholismus als Krankheit definiert ist, und zwar von
wirklichen Experten, nämlich den Juristen. Und viele
Familien übernehmen das Krankheitskonzept, da es Konflikte reduziert und Fremdverantwortlichkeit suggeriert.
Wir müssen Lösungen immer auch darauf abstimmen,
daß sie paßgenau »viabel« machen, bezogen auf solche
kontextuellen Regelungen. Sonst kann die Lösung noch
so schön sein, sie schafft Probleme.

Wenn jemand zu uns in die Therapie kommt und wir
lösungsorientiert arbeiten, dann ist die erste Frage: »Was
soll hier rauskommen? Wozu ist dieses Gespräch ein Mittel zum Zweck?« Dann könnte man denken, es geht um
die persönliche Weiterentwicklung des Individuums, um
das Wohlergehen dieser Person. Darum geht es selbstverständlich auch. Was man aber aus einer systemischen
Sicht berücksichtigen muß, ist nicht nur, welche Art von
Systemdynamik es bei diesem Menschen in seiner Familie oder auf seinem Arbeitsplatz gibt, sondern in welcher
Weise auch die Therapie selbst Teil einer Systemdynamik
ist, die für das Ergebnis der Zusammenarbeit sehr

wesentlich ist. In der Fachterminologie sprechen wir von der Kybernetik zweiter Ordnung. Das bedeutet, daß der Therapeut ein Teil von dem Gesamtgeschehen ist, was in der Therapie passiert. Das heißt, der Therapeut ist immer auch *beteiligter Beobachter*. MATURANA sagt: »Alles, was gesagt wird, wird von einem Beobachter gesagt.« Alles was ein Therapeut sagt, ist immer nur eine *Konstruktion von ihm* und nicht eine objektive Aussage über den Patienten. Das bedeutet natürlich, daß sich der Therapeut selbst rückbezüglich reflektiert, gerade auch in einer systemisch-lösungsorientierten Therapie.

Eine systemisch-lösungsorientierte Therapie muß den Rückbezüglichkeitsaspekt aber auch für das System, in dem sie nachher wirken soll, betrachten. Das ist deshalb ganz zentral, weil die konsequente Umsetzung der Lösung hinterher oft gerade eine neue Dynamik in dem System zu Hause schafft, und diese Art von Lösungsdynamik, die die Lösung auslöst, muß unbedingt berücksichtigt werden. Wir sprechen in unserer Heidelberger Konzeption von der *Klärung des Auftragskontexts*: Was bedeutet es überhaupt, hier zu sein, und welche Rückwirkungen hat die Therapie rückbezüglich auf das Problemsystem?

Eine weitere Prämisse des lösungsorientierten Ansatzes ist, daß praktisch alle Kompetenzen, die man zu Lösungen braucht, so weit man sie in der Therapie überhaupt entwickeln kann, längst schon in den Klienten und in ihrem Erfahrungsgut vorhanden sind. Die eigentliche Autorität, die eigentlichen Experten sind, so gesehen, letztlich immer die Klienten. Das bedeutet, die Rolle der Therapeuten ändert sich radikal. Sie sind nicht mehr die Wissenden. In meinen Ausbildungsgruppen flachse ich manchmal, auf einer anderen Ebene meine ich das sehr ernst, wenn ich dann sage: »Eigentlich sind die Therapeuten dann gute Therapeuten, wenn sie so dumm wie Bohnenstroh sind für die Antworten, aber sehr klug für Fragen.« Die Aufgabe des Therapeuten ist dann eher, Einladungen mittels Multiple-choice-Fragen an die Klienten zu offerieren oder wie ein Kellner Menüangebote zu machen, damit dann die tatsächlichen Autoritäten in diesem Prozeß, nämlich die Klienten, im eigenständigen Suche-und-finde-Prozeß ihre stimmigen Lösungen entwickeln können. Von daher ist es nicht so abwegig, wenn ich manchmal dafür plädiere, daß man die Rolle der Therapeuten, unter einer lösungsorientierten Prämisse betrachtet, eher als Kellner definieren sollte: Kellner von Realitäten, und der Gast entscheidet, was gegessen wird, auch wenn das Tagesmenü noch so intensiv angeboten wird.

Ein weiterer entscheidender Prozeß in dieser Lösungsorientierung ist es, mit den Klienten gemeinsam durchzuspielen, wie die Zusammenarbeit aussehen müßte, wer noch mit berücksichtigt werden müßte, wie dies berücksichtigt werden müßte, wie man miteinander reden müßte, wie man auf keinen Fall reden sollte, so daß die Zusammenarbeit eine kompetente, lösungsdienliche Zusammenarbeit wird. Das wird nicht vom Therapeuten allein geplant, sondern ist ein gemeinsamer Koevolutionsprozeß. Das irritiert manche Therapeuten am Anfang, wenn es für sie ungewohnt ist, aus der Expertenrolle herauszukommen. Sie werden aber sehr schnell motiviert, weil die Rückmeldung der Klienten so positiv ist, weil die Klienten sich in ihrer Kompetenz so gewürdigt und geachtet fühlen, daß die Zusammenarbeit wesentlich erleichtert und für beide Seiten erfreulicher wird.

Bei der Zielentwicklung entstehen oft Modifikationen der vom Klienten genannten Zieldefinitionen. Dazu muß ich einen kleinen Exkurs zum Verständnis von Symptomen machen, das sich aus der ERICKSONschen Denkweise

herleitet. Wir sind ja aus der Tradition der Psychotherapie gewohnt, Symptome als Defizit zu beschreiben, als
Ausdruck einer Störung, einer Unfähigkeit. Aus einer
hypnotherapeutischen und systemischen Sicht muß man
diesen Aspekt etwas relativieren. Da zeigt sich nämlich,
daß man Symptome als *eigene, selbsthypnotische Leistung*
verstehen kann. Jedes Symptom in seiner Qualität, in der
es erlebt wird, präsentiert genau die gleichen qualitativen
Erlebnisstrukturen wie das, was in einer hypnotischen
Trance berichtet wird. Es ist das vorherrschende Erleben,
daß »es« passiert, also ganz unwillkürlich. Erlebt wird,
daß ich gar nicht extra viel tun muß, »es« passiert ganz
unwillkürlich. Das ist das zentrale qualitative Zielerleben
in jeder Art von hypnotherapeutischer Trance.

Wenn Sie nun Leute mit Symptomen fragen, *wie* sie ihr
Symptom erleben, dann ist das genau die gleiche Beschreibung, auch wenn es den Leuten selbst nicht klar ist.
Wenn Sie beispielsweise einen Phobiker systemisch be-
fragen nach seinen inneren Selbstorganisationsprozes-
sen, die praktisch in die Phobie einmünden, dann sind sie
genau so wie bei einer intensiven hypnotischen Imagina-
tion. Wenn Sie dann hören, was er berichtet, dann können
Sie sagen, das ist eine enorme künstlerische Leistung mit
einem tragisch hohen Preis, aber immerhin eine Leistung.
Er berichtet Dinge, die internal ablaufen. Wenn die Symptome nun so beschrieben würden, im Sinne von »Ich
mache das Symptom willkürlich«, würden sich die Klienten nie im Leben als Symptomträger verstehen. Stellen
wir uns einen Phobiker vor, der seine Symptome als
etwas willkürlich Hergestelltes erleben würde: »Ich saß
zu Hause. Mir war langweilig. Selbst bei RTL kam nichts
Gescheites und im Kino auch nicht. Da habe ich mir
gedacht, ich gehe jetzt auf die Straße, und da ich kein
Geld für einen Horrorfilm ausgeben will, imaginiere ich
mir einen. Und jetzt gehe ich zum Beispiel in Köln auf

den Domvorplatz und imaginiere mir den als eine Art Schlucht. Daß das ein Platz ist, kann ja jeder sehen, ein Platz ist ja lachhaft. Das ist ein Krater. Und der tut sich unglaublich auf, und ich bin nicht mehr 1,75 Meter groß, sondern imaginiere, wie ich allmählich in meiner Größe gegen null schrumpfe. Ich werde immer kleiner und kleiner und kleiner. Dabei überlege ich mir, wenn ich mir jetzt noch die Hauswände runterziehen könnte, rechts und links, ob das den Adrenalin-Kick nicht noch mehr erhöht. – Tatsächlich, es wirkt.« Wenn ein Klient sein Symptomerleben auf diese Weise beschreiben würde, würde er sich natürlich nie im Leben als Klient definieren, sondern als einen hochkompetenten Imaginateur.

Das Beschriebene läuft ganz genau – allerdings als unwillkürlicher, unbewußter Prozeß – bei jemandem ab, der unter einer Phobie leidet. Und das Tragische, Leidvolle ist dabei, daß es dissoziiert ist, daß es nicht als zu dem Verfügungsbereich des Ich erlebt wird, sondern daß jemand das Gefühl hat: »›Es‹ passiert gegen meinen Willen, und ich leide deswegen darunter.« Aus systemischer Sicht ist diese Dissoziation ein zentrales problemstabilisierendes Element, dieses Abgetrenntsein der verschiedenen Funktionsebenen, wo die eine Ebene – die »Ich-mache-willkürlich-Ebene« – bestimmte Zielvorstellungen und die andere Ebene gegenläufige Zielvorstellungen hat. Diese Diskrepanz, dieses Aufeinanderprallen der gegenteiligen dissoziierten Zielvorstellungen verursacht letztlich das Leid. Das bedeutet für unsere therapeutische Zusammenarbeit, die Klienten dabei zu unterstützen, zu verstehen, was da eigentlich in ihnen selbst organisatorisch abläuft, um sie dann darin zu unterstützen, daß sie diese Diskrepanz der dissoziierten Zielvorstellungen allmählich auflösen können. Es soll eine Durchlässigkeit dieser beiden Teilfunktionsbereiche entstehen, so daß sich eine kongruentere Kooperation der bisher gegenläufigen Funktionsbereiche entwickeln kann.

Therapie bedeutet in diesem Sinne ein Prozeß gemeinsam gelebter Ambivalenz. Die Therapie beginnt häufig damit, daß die Klienten widersprüchliche und konfuse Ziele vorbringen. Da gibt es offizielle Ziele, die werden häufig auch als Ziele in der Therapie erst mal definiert. Dann gibt es auch inoffizielle Ziele, die, die meistens dissoziiert sind, weil sie nicht zu systemkonformen Regeln passen. Zum Beispiel kann es ein (dissoziiertes) Ziel sein, zu sagen: »Bei aller Achtung für deine Bedürfnisse, jetzt haben meine auch mal Vorrang!« Eine lösungsorientierte Hauptaufgabe in dieser Art von Arbeit ist es immer, die Klienten darin zu unterstützen, ihre Ziele allmählich zu differenzieren und zu modifizieren, indem die dissoziierten Zielvorstellungen mit berücksichtigt werden, so daß sich das Ausgangsziel meistens im Lauf einer therapeutischen Zusammenarbeit relativiert.

Nachdem wir also die erste Lösungsvision unterstützt haben, fokussieren wir die Aufmerksamkeit auf Lösungszeiten und suchen nach Ausnahmen vom Problem. Die Lösungszeit muß nicht nur in der Zukunft liegen, sie kann auch schon in gelebten Ausnahmen in der Vergangenheit liegen. Nun ist ein entscheidender Punkt in meiner systemisch-lösungsorientierten Arbeit, daß ich einen ständigen Vergleich mache zwischen dem Problemmuster und dem Lösungsmuster. Aus einer systemischen Sicht, so bei Gregory Bateson, wird Information immer definiert als das Herstellen von Unterschieden. In unserer Arbeit hat es sich bewährt, Unterschiede zwischen der Problemwelt und der Lösungswelt zu bilden.

Indem ich einen solchen Problem-Lösungs-Vergleich mache, gelingen verschiedene Dinge gleichzeitig. Zum einen wird deutlich, welche Auswirkungen das jeweilige Problemerleben hat im Vergleich zu den Auswirkungen des jeweiligen Lösungserlebens. Zum anderen ist es ein Vorteil, daß in unserer Kultur die Leute sowieso eher das Bedürfnis haben, über ihre Probleme zu reden, und daß sie insofern wertgeschätzt werden. Ein weiterer Vorteil ist es, daß sich allmählich die Dissoziation zwischen Problem- und Lösungswelt aufhebt. Ein weiterer eben schon angedeuteter Aspekt ist die Wertschätzung für das bisherige Problemerleben auf seiten des Klienten. Wenn man einseitig nur lösungsorientiert arbeitet, wie beispielsweise STEVE DE SHAZER, kann das manchmal sehr irritierend für die Klienten sein. Wenn wir in Heidelberg zeitweise in den fortlaufenden Therapien so arbeiten wie STEVE DE SHAZER, hören wir manchmal von unseren Klienten, daß sie ihre Probleme nicht ausreichend gewürdigt empfinden. Das heißt, wir müssen eine entsprechende Bühne bauen oder unsere veränderte Vorgehensweise – etwa durch einen Problem-Lösungs-Vergleich – einbetten. Wenn ich grundsätzlich einen Problem-Lösungs-Vergleich mache, wird der Problembereich der Klienten entsprechend geachtet, und dann zeigt sich auch meistens, daß das Problemerleben eine beziehungsgestaltende Kompetenz mit beinhaltet.

Ein Beispiel: Wenn ein Mann Alkoholprobleme hat und trinkt, geht er quasi in eine Altersregression, und er erlebt sich wie mit drei Jahren. Wenn man sich aber wie mit drei Jahren erlebt, verhält man sich auch anders, als wenn man sich erwachsen fühlt. Wenn man sich also kleiner fühlt und auch so verhält, wird es zu einer anderen Beziehungsgestaltung. Es kann dann innerhalb eines systemischen Interviews herauskommen, daß durch das Symptom zum Beispiel eine intensive Beziehung zur Mutter entsteht, so daß man sagen könnte, je mehr er trinkt, desto größer wird die Nähe zu seiner Mutter, und er hilft ihr durch die enge Bindung, ihre depressiven Verstimmungen zu überwinden. Eine systemisch-lösungsorientierte Therapie muß also auch die beziehungsgestaltenden Auswirkungen von Symptomen mit einbeziehen. Entsprechend müssen beide Zielvorstellungen beachtet werden, nämlich das offizielle Ziel: »Ich möchte was anderes tun als trinken«, und das inoffizielle Ziel: »Ich möchte bei meiner Lebensgestaltung auch den Aspekt der Loyalität mit berücksichtigen«. Insbesondere gilt dies dann, wenn beispielsweise der Vater des Klienten schon immer für eine Lösungsorientierung plädiert hat, nach dem Motto: »Wenn du nur deine Kompetenzen gebrauchst, kannst du sowohl mit dem Trinken aufhören, als auch dich von deiner Mutter lösen.« Wenn man dann als Therapeut lösungsorientiert arbeitet, übernimmt man ein vertrautes Muster und beschwört damit einen Loyalitätskonflikt. Lösungsorientierung, so gesehen, muß also immer eine Balance zwischen Problem- und Lösungskompetenz berücksichtigen und dann eine optimale, zieldienliche, in die Systembedingungen hineinpassende Lösungsvision kreieren. Ich will noch einmal darauf hinweisen, daß bei dem Problem-Lösungs-Vergleich der Fokus der Aufmerksamkeit auf den Lösungen liegt.

Wenn man nun diese Lösungsorientierung betreibt, kann es schnell zu sehr effektiven Ergebnissen kommen. Das ist überhaupt kein Problem, selbst mit Personen, die schon zehn Jahre psychotische Reaktionen hatten oder die zehn Jahre exzessiv bestimmte Suchtprobleme hatten. Schon in einer Sitzung kann man durch Ausnahmefragen gezielt alle relevanten Kompetenzen herausarbeiten, die die Klienten brauchen, um ihre Lösungen zu entwickeln, aufgrund der Erfahrung, die sie sowieso schon haben. Das ist keine Schwierigkeit. Die Schwierigkeit beginnt eigentlich erst, wenn die Klienten ihre Lösungskompetenz entwickelt haben und der Prozeß des Transfers in den Alltag kommt, dahin, wo sie bisher anders gelebt haben. Häufig hat sich ein gewohntes Verhaltensmuster gebildet, wenn jemand beispielsweise über zehn Jahre ein bestimmtes Symptom gelebt hat. Das bedeutet, daß alle Personen in diesem System ihre Aufmerksamkeit im System auf einen bestimmten Interaktionskreislauf fokussiert haben. Das ist dann wie ein Kulturschock im Erleben der Beteiligten, wenn jetzt plötzlich jemand mit einem Alternativverhalten in Form einer Lösung kommt. Eigentlich bräuchten alle Beteiligten des Problemsystems eine unterstützende Schon- und Gewöhnungszeit, damit sie die Lösung gemeinsam gut integrieren können. Dementsprechend sollte man in der Therapie sehr kleine Schritte machen, sehr behutsam, und auch mal wieder auf das Leben der Lösungskompetenz verzichten, schlicht und einfach aus Gewöhnungsgründen. So begleiten wir in Heidelberg den Klienten noch eine Zeitlang in Form eines Coachings darin, wie intensiv man überhaupt die Lösung im Alltagskontext leben und wann man auch mal darauf verzichten sollte.

Das kann ich noch an einem anderen Beispiel illustrieren, nämlich am Beispiel von Therapeuten. Wenn Therapeuten lösungsorientiert arbeiten, ist eine ihrer Hauptaufgaben, einen Kontext mitzugestalten, der optimal zur Entfaltung der Kompetenzen der Beteiligten beiträgt. Dafür muß der Kontext der Therapie auch für den Therapeuten so gestaltet werden, daß auch der Therapeut seine Kompetenzen entfalten kann. Der Therapeut sollte sich fragen: »Was brauche ich, damit ich gut arbeiten kann?« Also liegt der Fokus nicht nur auf den Bedürfnissen der Klienten, obwohl das natürlich die wichtigsten sind, sondern auch auf den Kompetenzen des Therapeuten. Nicht um seiner selbst willen! Aber wann kann ein Therapeut seine Kompetenzen am besten entfalten? Wenn er gerade wieder Besuch vom »Herrn Burn-Out« bekommen hat? Wahrscheinlich nicht. Wenn er diesen Druck auf der

Brust spürt und sich fragt, ob er im richtigen Beruf ist oder ob er noch zehn Therapiesitzungen irgendwo machen sollte oder vielleicht noch drei Ausbildungen oder zehn Supervisionen? Solche Überlegungen sollte ein Therapeut ruhig beibehalten. Aber entfaltet er damit seine Kompetenz besonders stark? Vermutlich nicht. Er entfaltet seine Kompetenzen dann besonders stark, wenn es ihm gutgeht.

Das bedeutet, man hat als Therapeut, wenn man lösungsorientiert arbeitet, eigentlich die ethische Pflicht, es sich in der Arbeit unglaublich gut gehen zu lassen. Man macht sich quasi schuldig an seinen Klienten, wenn man es sich nicht gutgehen läßt. Der Therapeut muß aber auch zusehen, wie er das in sein Team integrieren kann. Denn das ist auch ein Kontext. Dieses Team ist vielleicht noch heterogen in seiner Therapiekultur und womöglich defizit- und pathologieorientiert. Wenn nun jemand lösungsorientiert arbeitet, kommt er anders in sein Team. Eher so: Pfeifend! Das wird nicht unbedingt mit einer erfrischenden Bedeutung verknüpft, sondern eher vielleicht mit »Ah, bist du jetzt auch schon verleugnend wie dein Klient?« oder: »Macht der gemeinsame Verdrängung, oder was ist los?« *Ich möchte Ihnen, sollten Sie lösungsorientiert arbeiten und Sie aber in einem Team sein, das sich noch nicht ganz dem lösungsorientierten Ansatz verschrieben hat, eine kleine hypnotische Erinnerungsmarke vorschlagen.* Zum Beispiel einen kleinen roten Punkt an der Arbeitszimmertür. Im Zimmer arbeiten Sie sehr schön lösungsorientiert – aber in dem Moment, wo Sie herausgehen, gucken Sie auf den roten Punkt und lassen sorgenvoll Ihr Gesicht entgleisen, damit sie wieder in Ihr Team passen. Wenn Sie ambulant arbeiten, insbesondere wenn Sie nicht mit der Kasse abrechnen, können Sie wunderschön lösungsorientiert arbeiten. Arbeiten sie mit einer Kasse, haben Sie schon Schwierigkeiten: Wenn die Kasse

40 Stunden bewilligt, dann brauchen Sie erst mal fünf Sitzungen, wo Sie nur etwas über Pathologie erheben müssen, sonst bekommen Sie gar keine Therapiegenehmigung. Haben Sie dann aber die Genehmigung und wissen das die Klienten, und dann kommt schnell die Rückmeldung von den Klienten, auch wenn es ihnen schon viel besser geht: »Ich hab' 40 Sitzungen genehmigt, nicht? Jetzt habe ich so lange einbezahlt, das ziehen wir jetzt durch.« Also haben Sie neue Probleme. (Das macht aber nichts, Sie können ja dadurch auch Ihren Kalender besser ausfüllen.)

Bei einem stationären Setting mit lösungsorientiertem Ansatz für Sucht und Psychosomatik haben wir gewisse Schwierigkeiten, die beispielsweise Luc Isebaert in Belgien nicht hat. Schon bei der Zielbestimmung wäre es nur logisch, wenn es um ein Suchtproblem geht, zu fragen: »Wollen Sie an kontrolliertem Trinken arbeiten oder an Abstinenz?« Diese Frage ist sehr edel, wird aber in einem Austrocknungsverfahren enden – nicht bei den Klienten, aber die Geldkasse der Klinik vertrocknet dann, und zwar deshalb, weil unsere Trägerorganisationen heute noch nicht so denken. Das ist ganz verständlich. Das heißt, wir können (zur Zeit) nicht an kontrolliertem Trinken arbeiten, sondern lediglich an Abstinenz. Es muß dann klarwerden, daß diese Regeln den Klienten als Regeln vermittelt werden, als die Regeln, die *wir* brauchen, und nicht als die, die die Klienten brauchen, weil sonst ein Regelverletzungsprozeß der Autonomie entstehen würde, und das ist für die Lösungsorientierung nicht hilfreich.

Das gilt auch für eine Hausordnung. Diese Hausordnung wird klar definiert als etwas, was wir Therapeuten für uns brauchen, damit wir gut arbeiten können. Jede Aussage wie »Wissen Sie, Sie dürfen das und das hier nicht machen, weil das besser ist für Sie« ist eine Art von

Entmündigung der Klienten, die dem lösungsorientierten Arbeiten widerspricht. Des weiteren ist entscheidend, daß der Transfer in den Alltag passiert. Das geht leichter, wenn die Personen mit einbezogen werden, die in dem Alltag miteinander interagieren. Man sollte die Angehörigen aber auf keinen Fall in eine Familien*therapie* einladen, weil eine »Therapie« sie in ihrem eigenen Denken diffamieren würde. Das sogenannte Ko-Abhängigkeitskonzept wird damit begraben, ähnlich wie STEVE DE SHAZER und sein Team schon einmal den Widerstand begraben haben. Die Familienangehörigen werden also eingeladen als Ko-*Helfer* und nicht als Ko-*Abhängige*, als kompetente Helfer, die dabei helfen, das Lösungssystem zu Hause zu entwickeln und zu integrieren. Dazu sind sie sehr gern bereit, und damit wird der Transfer möglich.

Luc Isebaert

Der lösungsorientierte Therapieansatz in Europa

Wenn man die Frage stellt, ob es einen spezifischen europäischen Ansatz im Bereich der lösungsorientierten Therapie gibt, da ist die Antwort meines Erachtens eindeutig
Nein. Vielleicht gibt es aber innerhalb der lösungsorientierten Richtung ein paar bestimmte Akzente, die in
gewissen Teilen Europas mehr betont sind und mehr her-
vorgehoben sind.

Ich möchte einen Akzent hervorheben, der mir interessant zu sein scheint und der vor allem in Frankreich und
in Belgien erörtert worden ist. Es geht um die Frage oder
die These der Wahlfreiheit des Patienten, die eine mögliche Definition eines therapeutischen Verfahrens sein
kann. Es geht darum, die Wahl als eine der ethischen
Grundlagen der Psychotherapie anzuerkennen, und um
die Ansicht, daß Pathologie der Verlust der Fähigkeit zu
wählen ist und daß Therapie die Förderung des Wieder-
wählen-Könnens ist.

Der lösungsorientierte Ansatz wie auch die anderen
Milton-Erickson-inspirierten Therapieformen und die
systemisch-orientierten Schulen gehen davon aus, daß
man den Menschen nur als in seine Umwelt eingebettet
erfassen kann, als unlöslich verbunden mit seinem Kon-

text. In der klassischen Psychologie und Neurologie unterscheidet man dann zwei Teile an der Grenze zwischen Individuum und Realität, zwischen dem Menschen und seinem Kontext, also an der Kontaktfläche zwischen dem Menschen und seiner Realität. Auf der einen Seite hat man die Wahrnehmung und auf der anderen das Handeln, die Perzeption und die Aktion. Zwar hat VIKTOR VON WEIZSÄCKER in seinen Buch »Der Gestaltkreis« beschrieben, daß dieser Unterschied nicht so absolut ist und daß Wahrnehmung und Handeln eine Einheit beziehungsweise eine Gestalt bilden, aber es würde hier zu weit führen, darauf einzugehen. Wir bleiben bei dieser klassischen Dichotomie von Wahrnehmen und Handeln. Die These, die ich kurz erörtern möchte, heißt, daß Psychopathologie unter anderem dadurch gekennzeichnet ist, daß die Patienten die problematische Realität, die symptomatische Realität nur noch als symptomatisch und problematisch erfahren können und daß sie im symptomatischen Kontext nicht anders können, als ihre Symptome zu produzieren, daß sie nicht anders können, als symptomatisch zu handeln, und daß es bei Psychotherapie daher darauf ankommt, den Patienten zu helfen, die problematische Realität anders als problematisch zu erfahren oder erfahren zu können und auch ein anderes Verhalten als das symptomatische Verhalten produzieren zu können.

Ich möchte ein einfaches Beispiel geben: Im Fall einer Klaustrophobie kann der Patient den Fahrstuhl oder den Tunnel nur als beängstigend erfahren. Er wird alles tun, nicht in einem Tunnel fahren zu müssen, und er würde sogar sechs Etagen zu Fuß hinaufgehen. Man kann sagen, daß Therapie erfolgreich war, wenn er im Tunnel oder im Fahrstuhl keine Angst mehr hat, und wenn er sie benutzt, wann er das will. In der Klaustrophobie kann der Patient also *nicht wählen*, ob er Angst haben will oder nicht, gleich wie der Paranoide nicht wählen kann, ob er sich verfolgt fühlen will oder nicht, oder wie der Süchtige nicht wählen kann, ob das Suchtmittel eine unüberwindbare, unwiderstehliche Anziehungskraft auf ihn ausübt oder nicht. Und wenn das Suchtmittel da ist, also die Zigarette, die Flasche, die Spritze, kann der Süchtige nicht wählen, ob er es nimmt oder nicht. So wie der Paranoide nicht wählen kann, ob er sich der Verfolgung entziehen will oder nicht, und der Klaustrophobe, ob er den Fahrstuhl nimmt oder nicht.

Dieser Verlust der Fähigkeit, wählen zu können, kann also als ein zentrales Element, als Definition von dem angesehen werden, was pathologisch ist, und das Wiederherstellen dieser Fähigkeit als eine wichtige Aufgabe oder vielleicht die wichtigste Aufgabe jeder Psychotherapie. Man kann wahrscheinlich sogar sagen, daß es nicht die Aufgabe des Therapeuten ist, den Patienten symptomfrei zu machen, sondern lediglich, ihm zu helfen, sich selbst wieder in die Lage zu bringen, wählen zu können, ob er ohne Symptome leben will oder nicht.

Wenn der Therapeut das Erleben und das Verhalten des Patienten verändern will und sich für diese Änderungen selbst verantwortlich fühlt, riskiert er, verschiedene Fehler zu machen. Meiner Ansicht nach zeigt er zu wenig Respekt vor dem Patienten. Wenn der Patient sein symptomatisches Verhalten produziert, obwohl er es aufgeben möchte, kann man meinen, er tut dies, weil er nichts Besseres gefunden hat. Das Symptomverhalten hat oft positive Konsequenzen für den Patienten, aber mehr noch für seine Umgebung. Und es ist nicht immer evident, wie diese positiven Folgen anders als über das Symptomverhalten erzeugt werden können.

Zudem riskiert der Therapeut, Änderungen anzustreben, die mit seinen eigenen Zielen übereinstimmen, die aber die Ziele der Patienten verfehlen. Diese Ziele der

Patienten sind oft vielfältige. Der Alkoholiker möchte zum Beispiel aufhören zu trinken, aber er möchte die lustige Gesellschaft in seinem Stammlokal nicht vermissen, und er weiß noch gar nicht, was er mit der vielen Zeit anfangen kann, die er jetzt nüchtern verbringen muß. Vielleicht will er eigentlich nicht völlig abstinent leben. Zu bestimmten Anlässen möchte er vielleicht noch etwas trinken können, nicht zuviel, aber doch ein paar Gläser. Der Therapeut, der dann meint, die Behandlung sei gescheitert, weil er den Patienten nicht zur Abstinenz verpflichten kann, riskiert, dem Patienten nicht die Möglichkeit zu geben, selber auszuprobieren, was er kann und was er nicht kann, ob er es sich leisten kann, ein paar Gläser zu trinken oder nicht, um dann aufgrund dieser Erfahrungen selber zu wählen und seine eigene Verantwortlichkeit aufzunehmen.

Der Patient kann ganz gute Gründe haben, die der Therapeut nicht kennt, um den gutgemeinten Anstrengungen des Therapeuten Widerstand zu leisten, zum Beispiel philosophische, ethische, religiöse Auffassungen, die der Therapeut nicht teilt oder von denen er gar nichts weiß. Wir Therapeuten dürfen uns nie ärgern über Widerstand beim Patienten. In fast allen Fällen haben wir ihn selbst dadurch erzeugt, daß wir uns verhalten, als ob wir besser als die Patienten wüßten, was gut für sie ist.

All diesen Ärger können wir vermeiden, indem wir uns als Ziel setzen, dem Patienten zu helfen, Neues zu wählen, statt ihn dazu zu bewegen oder ihn dazu zu zwingen, Altes wegzulassen, und indem wir davon ausgehen, daß nicht wir, sondern die Patienten die Schlüssel zur Lösung ihrer Probleme haben, daß es also nur selten unsere Aufgabe ist, ihnen Lösungen zu liefern, sondern vielmehr ihnen zu helfen, die Lösungen in sich selbst wiederzuentdecken und wiederzuwählen.

In der lösungsorientierten Therapie wie auch den

anderen MILTON-ERICKSONschen Therapien gibt es dazu verschiedene Methoden, und ich möchte nur einige davon kurz und exemplarisch vorstellen.

Zuerst kann man kann sich für die *Ausnahmen* interessieren, die »exceptions« von STEVE DE SHAZER. Die Ausnahmen sind die Fälle, wo der Patient nicht oder nur beschränkt Symptome produziert. In diesen Fällen kann der Patient wählen, ob und inwieweit er über seine Symptome Kontrolle ausübt; er wählt also schon eigene Lösungen.

Des weiteren kann man erörtern, wie die *Symptomsequenz* beendet wird. Es gibt keine Symptome, die 24 Stunden pro Tag und 356 Tage pro Jahr produziert werden, ebensowenig gibt es Patienten, etwa die Zwangsneurotiker, die selber ganz überzeugt sind und uns unbedingt überzeugen wollen, daß sie ihren Symptomen keinen Widerstand leisten können, daß sie überhaupt keine Kontrolle über ihre Symptome haben. Auch sie hören auf, nachdem sie zehn-, zwanzigmal die Hände gewaschen oder die Schlüssel gedreht oder was auch immer gemacht haben, und fangen an, sich mit etwas anderem zu beschäftigen. Sie werden vielleicht sagen und selber denken, daß sie nur aufgehört haben, weil sie zu müde waren oder weil sie zu viel Schmerzen hatten oder weil das Telefon gerade geläutet hatte. Aber ein anderer als dieser Patient würde vielleicht das Telefon nicht beantwortet haben, oder er würde trotz Müdigkeit und Schmerzen weitergemacht haben. Dieser Patient aber hat gewählt, diese Umstände zu nutzen, um mit dem Symptomverhalten aufzuhören.

Eine andere Methode ist die *Zukunftsprojektion* wie die *Wunderfrage* von DE SHAZER oder *Skalen*. Es gibt Skalen der Hoffnung oder Skalen der Motivation, wobei der Patient seine eigenen Ziele wählt, seine eigenen Lösungen beschreibt und was für kleine und große Schritte er auswählen könnte, um diese Lösungen einzusetzen.

Der Patient kann auch in Fragen nachgehen, was in seinem Leben passiert ist und was er beibehalten möchte. Dabei hilft man ihm, genauer zu wählen, was er ändern möchte und was nicht. Meistens bemerkt er dabei, daß es auch im Zusammenhang mit den Problemen eigentlich Dinge gibt, die er auch behalten möchte, daß er also seine Probleme schon in einem gewissen Grad kontrolliert und Lösungen zu seinen Problemen auswählt.

Eine interessante Methode sind therapeutische *double binds*. Es gibt verschiedene Definitionen beziehungsweise Vorgehensweisen für double binds. Eine besteht darin, daß man an das Symptomverhalten eine »Sanktion« bindet, es mit einer Bedingung verknüpft, die etwas Angenehmes und Erwünschtes ist. Zum Beispiel mache ich bei einer depressiven Frau, die ihre Depression unter anderem durch viel Grübeln in Gang hält, Schokoladentherapie. Vorbedingung ist, daß die Frau gern Schokolade mag. Dann kann man ihr den Auftrag geben, sehr gute Pralinen zu kaufen, belgische Pralinen zum Beispiel, sie im Kühlschrank aufzubewahren und jedesmal, wenn sie sich beim Grübeln ertappt, eine von diesen Pralinen zu essen. Und wenn sie ganz große Lust hat, eine Praline zu essen, und sie hat im Moment eigentlich keine schwarzen Gedanken, dann soll sie zuerst, bevor sie die Praline ißt, ein wenig grübeln, vielleicht zwei, drei Minuten. Danach kann sie ruhig ihrer Neigung nach Süßigkeiten nachgehen. Da dauert es meistens nicht lang, bis ihr klar wird, daß sie nicht nur wählen kann, ob sie Schokolade essen möchte oder nicht, je nachdem, ob die Angst vor den Kilos oder das Verlangen nach Pralinen größer ist, aber daß sie auch wählen kann, ob sie ihrer Neigung zum Grübeln nachgeben will oder nicht.

Im allgemeinen lohnt es sich, einen Kontext der Wahl zu schaffen, indem man in der ambulanten Therapie den Patienten den Abstand zwischen den Therapiesitzungen wählen läßt und indem man ihn wählen läßt, ob und welche Angehörige er in die Therapie mitbringt. Oder wenn man einen therapeutischen Auftrag geben möchte, bietet man dem Patienten gleich zwei oder drei verschiedene Aufträge zur Wahl an; man kann ihm sogar sagen, daß er die Möglichkeit wählen kann, keinen von diesen Aufträgen auszuführen, statt dessen etwas Nützliches zu tun und so weiter. Oder in der stationären Therapie können wir in Belgien den Patienten wählen lassen, wie lange er bleibt, er kann die Aufnahmedauer selbst bestimmen, ob er ganztägig oder in der Tagesklinik bleiben will und anderes mehr.

GÜNTER SCHIEPEK

Sind kurze Therapien wirksam(er)?

Probleme der Effizienzbeurteilung lösungs- und ressourcenorientierter Praxis

Die systemische Therapie ist prominent geworden – wenn schon nicht an den Hochschulen, dann doch in der Praxis. Wenn Sie in den frühen 80er Jahren eine(n) Kollegen/-in in diesem Bereich gefragt hätten: »Woran denken Sie, wenn Sie ›systemische Therapie‹ hören, ganz schnell, so wie beim Stichwort ›Werkzeug‹ an ›Hammer‹?«, dann hätten viele vielleicht gesagt, an »paradoxes Intervenieren«. In den späten 80er Jahren hätten viele auf die gleiche Frage vielleicht geantwortet: an »zirkuläres Fragen«. Wenn Sie in den 90ern diese Frage stellen, dann assoziieren viele die »Wunderfrage« oder direkt: »lösungsorientierte/ressourcenorientierte Therapie«.

Wenn man unterstellt, daß Praktiker und Praktikerinnen auf eben solche Konzepte zugreifen, die sich als brauchbar erweisen und bewähren, könnte man auf die Idee kommen zu sagen, das sei Evaluation genug. Tatsächlich ist ein breites, sich auf verschiedene Anwendungsfelder ausdehnendes und auch langanhaltendes Interesse von Praktikern/-innen an systemischer Therapie in ihrer lösungsorientierten Form festzustellen. Ich selbst habe im Jahr 1987 den ersten Workshop bei STEVE DE SHAZER mitgemacht, ähnliches gilt für viele Kollegen/-innen. Es hat sich also inzwischen gezeigt, daß die ganze Geschichte mehr als eine Eintagsfliege ist. Aber man kann natürlich einwenden, daß es in der Psychoszene immer wieder Beispiele dafür gibt, daß das Interesse von Praktikern auch von zweifelhaften Magneten angezogen wird. Volle Demonstrationssäle sind kein Kriterium für wirksame oder ethische verantwortbare Praxis. So könnte sich hier vielleicht doch eine Anfrage an die Wissenschaft als sinnvoll erweisen: Wissenschaft als kritisches Korrektiv für die Praxis, auch im Sinne der Konsumenten, denn sie haben ein Anrecht darauf zu erfahren, ob und eventuell auch wie ein Ansatz wirkt. Daß es Fans gibt, die begeistert sind, ist nicht hinreichend, denn Fans sind immer Anhänger der Sache, die sie begeistert, sonst wären sie keine Fans.

Ich möchte zunächst einige Probleme der Evaluation aufzeigen, bevor ich dann Argumente aus der Perspektive der empirischen Therapieforschung und aus der empirischen Psychologie beibringe, die dafür sprechen, daß es Sinn macht, mit dem Ansatz der lösungs- und ressourcenorientierten Therapie zu arbeiten.

Der systemische Ansatz ist primär keine Technik, nicht einfach ein Operieren mit der Wunderfrage oder mit Skalierungsfragen, sondern eine Grundhaltung, die geprägt ist von Respekt, Wertschätzung, kooperativ-unterstützendem Zugehen auf Klienten, von der Förderung von Ressourcen und dem Konzept des Enpowerments, das Defizitorientierungen hinter sich läßt, eine Grundhaltung, welche die Autonomie der Klienten und Klientinnen ernst nimmt, auch eine Grundhaltung mit einem gewissen Minimalismus des Vorgehens, mit einer Botschaft, die ich schön finde: »Sei einfach.«

In diesem Sinne handelt es sich um einen klientenzentrierten Ansatz, denn es geht darum, hinzuhören und zu spüren, in welcher Welt, in welchen Bezugssystemen der (die) Gesprächspartner(in) lebt. Aber wie will man eine Grundhaltung oder ein Menschenbild evaluieren? Vielleicht am ehesten, indem man die Klienten über ihre Erfahrungen in der Therapie befragt, indem man sie fragt, ob Prinzipien wie »Schönheit«, »Nutzen« und »Respekt« realisiert wurden – Kriterien, die einmal vor Jahren KURT LUDEWIG formulierte. Dies wäre vielleicht eine Möglichkeit.

Jedenfalls steht fest, daß die jeweils benutzten Techniken austauschbar sind, denn viele Klienten und Klientinnen haben Einfälle, die in der Ausführung zum Beispiel verhaltenstherapeutischen Standardmethoden gleichen können. Dagegen ist nichts zu sagen. Nur stellt es die Therapieevaluation vor Probleme, denn sie ist traditionell auf Techniken bezogen.

Ein anderes Problem der Eingrenzung und der Definition dessen, was ein lösungsorientierter Ansatz sein sollte, ist das der Zeitperspektive. Ich denke, es geht nicht um Kürze um jeden Preis. Paradox genug: es geht schnell, weil wir die Sache langsam angehen. So wie einmal jemand zu einem Taxifahrer sagte: »Fahren Sie langsam, denn ich will schnell ankommen!«

In ähnlich paradoxer Weise ist der lösungsorientierte Ansatz lösungsorientiert, weil es nicht um Lösungen um jeden Preis geht. Künstlich forcierte Veränderungen sind kontraproduktiv. Therapeuten/-innen bieten konstruktive Rahmenbedingungen an, in denen sich Klienten/ -innen (Entwicklungs-)Möglichkeiten und Ressourcen erschließen können, und diese Ressourcen und diese respektvolle Haltung machen auch bei längeren Begleitungen Sinn, nicht nur bei kurzen Therapien. Ein McDonalds-Image (kurz und gut) sollte man doch wohl vermeiden. Die empirische Psychotherapieforschung wird allerdings die Auffassung unterstützen, daß am Anfang einer Therapie viel therapeutischer Gewinn erzielbar ist, wenn man die Zeit nicht mit pathologisierenden Diskursen befrachtet. Es gibt eine vieldiskutierte Kurve bezogen auf die Wirkung von Therapien, die einen relativ schnellen Anstieg am Beginn und ein Flacherwerden im weiteren Verlauf deutlich macht. Präzisere Interpretationen weisen allerdings darauf hin, daß nicht ein asymptotischer Grenznutzen bei allen Therapien belegt wird, sondern lediglich die Tatsache, daß relativ viele Klienten und Klientinnen von kurzen Therapien viel, einige aber auch von längeren Therapien noch profitieren. Wie dem auch sei: beide Interpretationen sprechen dafür, mit einem Kurzzeittherapieansatz zu beginnen (im Sinne einer Primärversorgung): »Lösungsorientiert zuerst!« (P. KAIMER)

Ein weiteres Problem der Evaluation besteht – wie bereits erwähnt – in der Konzentration auf Einzeltechniken. Man versucht die interne Validät hochzuhalten, das heißt, man schaut, daß eine Veränderung in der Therapie nur auf ein bestimmtes Treatment und die damit verbundenen Faktoren zurückgeführt werden kann. Alle anderen Einflußgrößen sollen eliminiert, außen vorgehalten, kontrolliert werden. Das ist traditionelles experimentelles Denken. Eben dies ist im Praxiskontext aber schlecht realisierbar, wie in verschiedenen Studien gezeigt wurde. Wenn man systemisch herangehen will, muß man sich die konkrete Praxis anschauen. Man muß eine Evaluation betreiben, die *tätigkeitsfeldbezogen und kontextbezogen* ist. Man muß schauen, unter welchen Bedingungen eine konkrete Praxiseinrichtung gut funktioniert, was bedeutet, ein konkretes System zu betrachten. Welche Ressourcen kann es für sich selbst aktivieren, damit es ihm gutgeht, damit es effektiv, effizient arbeitet? Die Wirksamkeit von Therapie geht sicher nicht auf einen einzelnen Wirkfaktor zurück, sondern ist das Resultat eines Zusammenspiels von Bedingungen, eines komplexen Systems.

Aus der Systemtheorie kann man lernen, daß es die *Systemzustände* sind – ihre Stabilität oder Instabilität –, die für die Veränderung eines Problemmusters in ein Lösungsmuster prädestinieren, und daß Interventionen dann wirksam werden, wenn sie in einem sinnvollen Kontext, in einer Situation der Aufnahmebereitschaft, im richtigen »Kairos«, also im richtigen Moment angeboten werden. Man muß sich also dynamische Systemzustände unter Prozeßgesichtspunkten anschauen. Das ist eine Auffassung, die stark von klassischen Evaluationskonzepten abweicht, welche üblicherweise auf (spezifische oder unspezifische) Einzelfaktoren bezogen sind.

Das »Generic model« der Therapieprozeßforschung von ORLINSKY und HOWARD bestätigt die hier formulierte Position recht gut. Dieses Modell betrachtet Interventionen im Kontext der therapeutischen Beziehungsgestaltung und im Kontext der Aufnahmebereitschaft, das heißt im Kontext der konkreten Therapiepraxis. Diese Idee der Aufnahmebereitschaft ist übrigens in der lösungsorientierten Therapie optimal realisiert durch die immer wiederkehrende Berücksichtigung der »Einladungen« des Klienten durch die Beachtung von »Yes-Sets« und durch die Unterscheidung von Beziehungsmustern in »Besucher«, »Klagende« und »Kunden«.

Es gibt nicht nur Parallelen zwischen dem lösungsorientierten Ansatz und dem »Generic model«, sondern es gibt auch klare Parallelen zum Konzept der Allgemeinen Psychotherapie, das K. GRAWE vorgeschlagen hat. Bei beiden steht das Prinzip der *Ressourcenorientierung* an zentraler Stelle, aber auch andere Prinzipien sind hier wie dort realisiert; zum Beispiel das der »unmittelbaren Erfahrung« (also die Erprobung alternativer Verhaltens- und Erlebnismuster im konkreten Alltag der Klienten), das der »(Problem-)Lösungsorientierung« und das der »Klärungsperspektive«. In beiden Ansätzen spielte die

Gestaltung der Therapeut-Klient-Beziehung eine große Rolle.

Ein essentielles Problem jeder Therapieevaluation besteht in der Kriterienfrage. Die lösungsorientierte (systemische) Therapie macht zu ihrer Beantwortung den Vorschlag, den (die) Klienten/-in ernst zu nehmen und ihn (sie) zu fragen, ob seine (ihre) persönlichen Ziele erreicht wurden oder nicht. Man braucht dafür Rückmeldebögen, Abschlußgespräche, Katamnesen und anderes. Es werden nicht nur die »Symptome« beziehungsweise Beschwerden und ihre Auflösung berücksichtigt, sondern auch Aspekte der Lebenszufriedenheit, des Wohlbefindens und ähnliches, um ein möglichst multiperspektivisches Bild einer therapeutischen Veränderung zu bekommen.

Hinsichtlich der Qualitätsbeurteilung von Effektivitätsstudien kann man sicher unterschiedliche Wege einschlagen. Die Metaanalyse von GRAWE et al. hat eine Reihe von Kriterien herangezogen, um gute von schlechten Studien zu unterscheiden, beispielsweise die klinische Relevanz (dieses an erster Stelle zu erwähnen, macht durchaus Sinn), interne Validität (auf deren Problematik wurde bereits hingewiesen), Güte der Informationen über die Studie, Vorsicht bei der Interpretation, Reichhaltigkeit und Güte der Messungen, Reichhaltigkeit und Güte der Auswertungen, Ergebnisreichtum und Indikationsrelevanz. Man müßte diese Kriterien zweifellos an einigen Stellen modifizieren, um Standards für die Beurteilung bereits durchgeführter und vor allem für die Konzeption zukünftiger Evaluationsstudien zu entwickeln. Diese sollten erstens als kombinierte Prozeß-Evaluationsstudien angelegt sein, zweitens das konkrete praktische Vorgehen, also Aspekte der Struktur- und Prozeßqualität miterfassen und drittens – als Konsequenz daraus – nicht unter wissenschaftlichen Ausnahmebedingungen, sondern in mehreren konkreten Praxiseinrichtungen, das heißt als sogenannte »Multi-Center-Studien« durchgeführt werden.

Ein weiteres Problem besteht in der starken Störungs- und Defizitorientierung der klassischen Therapieforschung und der Klinischen Psychologie generell. Sie sollte durch eine Ressourcenorientierung ergänzt oder – nach Meinung zahlreicher Forscher und Praktiker – von einer solchen sogar abgelöst werden.

Es gibt sicher noch einen großen Forschungsbedarf im Bereich der Evaluation, aber es ist durchaus nicht so, daß wir gänzlich am Nullpunkt stehen würden. Es liegen eine ganze Reihe von katamnestischen Studien, Kasuistiken und Befragungen vor, die in verschiedenen Teilen der Welt durchgeführt wurden. Im Moment sichten wir gerade eine entsprechende Literaturrecherche (Diplomarbeit G. TREFFEHN, Münster). Man kann also sicherlich auf einiges Material zurückgreifen. STEVE DE SHAZER und LUC ISEBAERT haben Zahlen zur Wirkung von lösungsorientierter Therapie im Suchtbereich vorgelegt, die mich beeindruckt haben. Gegenwärtig befindet sich eine umfangreiche multizentrische Evaluationsstudie zur systemisch-ressourcenorientierten Therapie in Vorbereitung (Forschungsinstitut für Systemwissenschaften, München), die zugleich routinemäßige Formen der Praxisdokumentation etablieren soll.

Lassen Sie mich abschließend noch einige Argumente für kurze Therapien im allgemeinen und den systemisch-ressourcenorientierten Ansatz im besonderen mit Bezug auf das Forschungsgutachten zur Vorbereitung des Psychotherapeutengesetzes (1991) anführen. Hier findet sich die Aussage, daß Patienten durchschnittlich sieben Jahre durch die therapeutische Landschaft reisen und dabei mehrmals inadäquat behandelt und diagnostiziert werden, bevor sie kompetente psychotherapeutische Hilfe finden. Auch wenn man diesen Zeitraum von sieben Jahren nur als groben Anhaltspunkt betrachtet, ist es jedenfalls eine lange Zeit. Ein weiterer Punkt beinhaltet, daß etwa 5 % der Bevölkerung einer ambulanten Psychotherapie bedürften und diese auch beginnen würden, jedoch in der kassen- und vertragsärztlichen Versorgung im Bundesdurchschnitt tatsächlich nur 0,2 % eine Versorgung bekommen. Diese Zahlen sind 1991 veröffentlicht worden, berücksichtigen also die Verhältnisse in den neuen Bundesländern noch nicht. Sie haben sich in der Zwischenzeit sicherlich verändert. Aber die Größenordnungen sprechen dafür, daß ein Ansatz sinnvoll ist, der kurz ist, das heißt, der mehr Klienten verkraften kann, der niederschwellig ist, und der möglichst wenig schädigt, weil er persönliche Grenzen akzeptiert und das Selbstwertgefühl von Klienten aufbaut, weil er auf Anliegen und nicht auf Defizite fokussiert. Der ressourcenorientierte Ansatz ist der ideale Typ eines Erstangebots von hoher Präventionsrelevanz. Die Prävention befindet sich bekanntermaßen in einem Dilemma, das durch diesen Ansatz vielleicht gelöst werden könnte: einerseits eine frühzeitige Behandlung zur Verhinderung von psychischen Störungen zur Verfügung zu stellen, andererseits aber Menschen aufgrund der Zugehörigkeit zu Risikopopulationen – also aufgrund statistischer Hochrechnungen – nicht zu pathologisieren. Vielleicht wäre ein ressourcenorientiertes und konsequent nicht pathologisierendes Angebot diesbezüglich wirklich eine Chance für die Zukunft.

Andere Argumente aus der Therapieforschung passen sehr gut in Richtung dieses Ansatzes, etwa die Reaktanzforschung. Ich glaube, der systemisch-ressourcenorientierte Ansatz bemüht sich sehr darum, möglichst wenig Reaktanz oder Widerstand auf Seiten der Klienten zu erzeugen. Und wenn Sie die Selbsteffizienz-Theorie von

BANDURA als Argument heranziehen wollen, werden das Selbstwertgefühl und die Selbstwirksamkeitsüberzeugung, also wesentliche Komponenten psychischer Gesundheit, gefördert.

Des weiteren ist der systemisch-lösungsorientierte Ansatz mit modernen Selbstorganisationstheorien, zum Beispiel der Synergetik, hoch kompatibel. Theoretische Erklärungen dieses Therapieansatzes gehen in Richtung Selbstorganisationsforschung und Synergetik. Die Theorie bio-psycho-sozialer Selbstorganisation könnte ein geeignetes Erklärungsmodell dafür liefern, was in Therapien passiert und wie Ordnungsübergänge von Denk-, Fühl- und Handlungsmustern beschrieben werden können. Auch das gehört zur Evaluation eines Therapieansatzes: nicht nur Schönheit und Nutzen, sondern auch ein Verständnis seiner Wirkprinzipien, das sich auf der Höhe der psychologischen und medizinischen Theoriebildung befindet.

MANFRED LÜTZ

Psychotherapie und Religion

Das Thema Psychotherapie und Religion böte Stoff für ein ganzes Buch – daher können hier nur Fragmente unter dem besonderen Gesichtspunkt der lösungsorientierten Therapie von STEVE DE SHAZER geliefert werden. Zweifellos gibt es zu diesem Thema die unterschiedlichsten Auffassungen – ich möchte daher nur Aspekte zur Diskussion stellen, die aus meiner persönlichen Perspektive relevant sind. Und dennoch, ich halte das Thema Psychotherapie und Religion heute für unabdingbar, wenn es um die Frage nach der Seriosität einer Psychotherapiemethode geht, ganz unabhängig davon, ob der Therapeut oder der Therapiesuchende sich selbst als religiös verstehen.

Wenn Psychotherapie der zielgerichtete methodische Einsatz von Kommunikation zur Heilung von Leiden ist, dann hat sie sich auf der einen Seite selbstverständlich abzugrenzen gegenüber einer frei schwebenden Alltagskommunikation. Dies aufzuweisen – oder eben nicht – ist Aufgabe der Therapieeffizienzforschung. Solche Untersuchungen sind damit keine unsittlichen Zumutungen an Psychotherapie, sondern sie sichern der Psychotherapie ihre Eigenart – und übrigens auch das Recht auf

Bezahlung, die wir für Alltagskommunikation nicht erwarten würden, es sei denn, wir sähen uns nur noch als die zeitvertreibenden Kammerdiener einer versingelten Überflußgesellschaft.

Die Grenze zur anderen Seite hin kam mir schlagartig in den Blick, als ich unlängst als Psychiater und Theologe gutachterlich zu einer Psychosekte befragt wurde. Die Effizienz der dort betriebenen Suggestivmethoden stand drastisch vor aller Augen. Die Frage nach der Seriosität stellte sich hier anders: Psychotherapie oder Religion beziehungsweise Weltanschauung? Intuitiv war die Antwort einfach: Alles erinnerte an Sektenstrukturen. Doch präzise Kriterien für ein solches Urteil anzugeben, fiel zunächst erstaunlich schwer. Die Literatur unserer verschiedenen Therapierichtungen läßt einen zu dieser Frage weitgehend im Stich. Schlimmer noch, manche Therapierichtungen fördern unter dem Pathos eines unpräzisen Begriffs der »Ganzheitlichkeit« – in bester Absicht, möglichst gründlich zu helfen – Mißverständnisse und Grenzüberschreitungen.

Der Sinn des Lebens, die Liebe eines Menschen erschließen sich uns nämlich in der freien erschütternden oder beglückenden existentiellen Kommunikation gleichberechtigt von Mensch zu Mensch. Wenn Psychotherapie vielleicht günstigere Rahmenbedingungen für solche Erlebnisse zu schaffen vermag – sie darf nicht beanspruchen oder auch nur zulassen, mit ihrem Handwerkszeug, nämlich zielgerichteter methodischer Kommunikation, Sinn oder Liebe absichtsvoll herzustellen. Heraus kämen dann nur Plastiksinn und Hörigkeit. Denn jede Psychotherapie ist eine mit Recht zur Heilung von Leiden manipulative und asymmetrische Beziehung eines methodenkundigen Profis zu einem Heilung suchenden Menschen. Gerade deswegen muß sie streng durch Supervision kontrolliert und sowohl inhaltlich wie zeitlich ausdrücklich begrenzt werden. Ihr Herrschaftswissen – wenn schon nicht mehr über die Diagnosen so doch über die Methoden – vorausgesetzt, ist Psychotherapie eben auch kein herrschaftsfreier Diskurs im Sinne von HABERMAS. Psychotherapie ist, auch wenn das hart klingt, eine künstliche Beziehung für Geld. Wer nicht ehrlich zugibt, daß er den Sinn des Lebens und wahre Liebe für Geld nicht bieten kann, betriebe nichts anderes als existentielle Zuhälterei.

Dennoch ist es für Psychotherapeuten heute kaum möglich, solchen Gefahren zu entgehen: Einerseits führt jede Psychotherapiemethode ausdrücklich oder unausdrücklich spezifische Vorstellungen von der Welt und vom Menschen mit sich. Eine chemisch reine Trennung gibt es also nicht. Andererseits erwartet eine orientierungslose, aber religiös aufgeladene Öffentlichkeit mit diesbezüglich weitgehend unkritischer Medienresonanz von Medizin und Psychotherapie inzwischen die Antwort auf die Frage nach den letzten Dingen. Nicht mehr bloß um Heilung, nein ums *Heil* geht es. Während das ewige Leben sozusagen quantitativ vom Einsatz der Medizin erwartet wird und dem Arztberuf inzwischen aller archaisch-funkelnder Glanz zuwächst, der früher für viele die Attraktivität des Priesterberufs ausmachte, sind auch religiöse Riten in den Bereich der von der Gesellschaft so angebeteten »Halbgötter in Weiß« abgewandert: Wir beobachten den bruchlosen Übergang von der katholischen Prozessionstradition in die Chefarztvisite.

Der qualitative Aspekt des ewigen Lebens, die ewige Glückseligkeit, ist inzwischen uns Therapeuten gesellschaftlich aufgetragen. »Ich möchte ganz werden!« war das irreduzible Ziel einer Frau, die mich um Psychotherapie anrief. Während noch FREUD bescheiden aus neurotischem Elend normales Leid machen wollte, ertrinken wir heute vor einer Inflation der Sinnerwartung, die ungestüm gegen uns heranbrandet. Ein vergiftetes Angebot, denn dies zu bewältigen sind wir völlig inkompetent. Der narzißtischen Versuchung, sich ein ganz klein wenig als Guru anbeten zu lassen, wird jedoch ehrlicherweise jeder von uns wohl nicht immer ganz entgehen.

Dennoch gilt: Das Mißverständnis von Psychotherapie als Religionsersatz ist möglicherweise die verhängnisvollste Nebenwirkung von Psychotherapie, und daher haben wir uns diesbezüglich streng zu kontrollieren. Vielleicht kann es nützlich sein, uns zu diesem Zweck eher als präzise und sorgfältig kontrolliert arbeitende Handwerker am psychischen Apparat, wie FREUD sagt, zu verstehen, mit Nähe zu den Prinzipien der Handwerkskammer – wobei es einige zum Kunsthandwerk bringen mögen – als uns in der gefährlichen Nähe von Visionären und Künstlern, faszinierenden religiösen Genies und Poeten zu sehen, die den Menschen so viel mehr geben können, als wir geben dürfen.

Es hilft also alles nichts: Jede Psychotherapierichtung hat sich Gretchens Frage »Wie hast Du's mit der Religion« zu stellen und so präzise wie möglich anzugeben, wo ihre Grenze gegenüber Religion und Weltanschauung liegt. Und sie hat sicherzustellen, daß diese Grenze gewahrt wird, damit über den begrenzten Auftrag der Psychotherapie hinaus der eigene Raum für existentielle Beziehungen und Erfahrungen gesichert wird – selbst wenn er für einzelne, wie das Allerheiligste des jüdischen Tempels, leer bleibt. Andernfalls würde Psychotherapie letztlich totalitär, denn jeder methodische Zugriff auf den geheimnishaften Kern des Menschen verletzt zutiefst Intimität und Würde des Menschen. Erklärt man das Thema Religion für gleichgültig und reflektiert es daher nicht, treibt es unbemerkt seinen Spuk in der Therapie, da es irgendein »Über-die-Therapie-Hinaus« ja ausdrücklich nicht gibt. Holt man es absichtlich in die Therapie hinein, hat man mit den gleichen Gefahren zu kämpfen. Es bleibt der Respekt vor der Grenze.

Es sei nun davor gewarnt, solche Überlegungen allzu vordergründig auf verschiedene Therapierichtungen zu übertragen. Das Thema Psychotherapie und Religion hat die Entwicklung moderner Psychotherapie stets begleitet – allerdings mehr beiläufig und oft eher pathetisch als begriffsklar. Ob freilich das Jungsche Denken in seinem religiösen Bilderreichtum den Erschütterungen Søren Kierkegaards gültigere Antwort gegeben hätte als die diesbezüglich eher abstinente Nüchternheit Freuds, die sich hier »kein Bild macht«? Ob sich wiederum Freud in seinem unbestrittenen antireligiösen Affekt – in seinen kulturkritischen Schriften – den weltanschaulichen Plattitüden Skinners angeschlossen hätte, dem sich die heutige Verhaltenstherapie in dieser Hinsicht auch nicht mehr verbunden weiß? Ob schließlich die ausdrückliche Beschwörung des Sinns in der Logotherapie oder seine Übersetzung ins Alltägliche in der systemischen Therapie der Abgrenzung von Psychotherapie und Religion wirklich angemessener ist, das darf hier – Gott sei Dank – offenbleiben.

Hier geht es um die Anwendung der soeben entwickelten Grundsätze auf die lösungsorientierte Therapie Steve de Shazers. Eine solche Kurzzeittherapie aus Amerika traf bei mir als recht europäisch geprägtem Psychiater und Theologen zunächst auf genügend Vorbehalte. Kam früher einmal das Heil aus dem Osten, erwartet man es heute hierzulande, für meinen Geschmack zu naiv, von etwas Neuem aus Amerika.

Soll es hier »kurz« abgehen, assoziierte ich: schnell, oberflächlich … Fastfood. Zwar wurde meinem deutschen Bedürfnis nach Tiefsinn bei näherem Hinsehen durch ausführlichen Rekurs auf Wittgenstein Genüge getan, doch, daß die Lösung mit dem Problem nichts zu tun haben sollte, das raubte mir zunächst den Atem. Hypnotherapie klang in meinen analytisch geschulten Ohren darüber hinaus schrill. Mit einem Wort: Die Frage, seriöse Psychotherapie oder unseriöse Plastikreligion, war für mich nicht weit hergeholt und soll nun an Kriterien geprüft werden.

Nehmen wir zunächst den heute viel erörterten wichtigen Aspekt *Beziehung* in den Blick. Psychotherapie ist streng begrenzte, methodische und zielgerichtete Beziehung. Keine Frage, wenn sich etwas Psychotherapie nennt, das eine Beziehung von der Wiege bis zur Bahre anbietet, handelt es sich nicht um Psychotherapie, sondern um Weltanschauung. Keine Frage auch, daß in der aktuellen Diskussion um Mißbrauch von Psychotherapie klar wird, daß eine zu lange Therapie – zum Schaden von Patienten – eher dem Narzißmus von Therapeuten dient. Christian Reimer berichtete auf dem Psychotherapiekongreß in Lindau vor mehreren Jahren erschütternde Beispiele. Nachweis und Sicherung der zeitlichen Begrenzung der Beziehung ist demnach wesentliches Kriterium seriöser Psychotherapie. In dieser Hinsicht ist Steve de Shazer ungemein radikal. Er bespricht, wenn eben möglich, bereits in der ersten Sitzung, woran man merken könne, daß die Beziehung wieder gelöst werden kann – im Wortsinn lösungsorientiert – und hält damit das Thema der therapeutischen Instrumentalität dieser Beziehung bewußt dauernd präsent: »Woran werden Sie merken, daß wir uns nicht mehr treffen müssen?« Auch das führt zur Kürze der Therapie. Kann aber Kürze nicht bedeuten, den Patienten in seinem Leiden nicht ernst zu nehmen? Doch, gerade wer ressourcenorientiert die Kräfte des Patienten ernst nimmt, der muß sich konsequenterweise, bei aller Würdigung des Leidens und ohne jede Hektik, um Kürze der Therapie bemühen. Wer Therapie länger und beziehungsintensiver betreibt als unbedingt nötig, der nimmt im Grunde sich selbst als Therapeut zu ernst und erklärt sich für unverzichtbar – der Keim verhängnisvoller Abhängigkeiten. Bemühung um Kürze von Psychotherapie ist daher nicht etwa Oberflächlichkeit oder ökonomische Sparsamkeit und nicht bloß Signum einer bestimmten Therapie, sie ist nach meiner Überzeugung ein ethisches Gebot für jede Psychotherapie, die Menschen befähigen oder ermutigen will zum eigentlichen Leben, und das ist nicht die künstliche Beziehung in der Therapie, sondern wahrhaft echte Beziehung neben und nach der Therapie.

Nehmen wir nun den Aspekt der *Heterosuggestion* in den Blick. Jede Therapie hat, schon durch ihr künstliches Setting, eingestanden oder uneingestanden, suggestive Elemente. Hier besteht ein weiteres Mißbrauchspotential. Die Autorität, die sich bei oder nach Heilung eines schweren Leidens einstellt, kann darüber hinaus für massiven Einfluß auf die weltanschauliche Orientierung des Patienten mißbraucht werden. Daß STEVE DE SHAZER vieles der Hypnotherapie MILTON ERICKSONS verdankt, machte mir auf dem Hintergrund meiner psychoanalytischen Ausbildung zunächst einige Probleme. Heterosuggestion war mir methodisch und inhaltlich suspekt. Doch bei STEVE DE SHAZER wird nichts Fremdes suggeriert, dem Patienten werden vielmehr seine eigenen Fähigkeiten und Ziele suggeriert – und welche das sind, entscheidet der Patient. Die Aufgabe der ersten Stunde bei STEVE DE SHAZER lautet: »Beobachten Sie bitte bis zum nächsten Mal die Vorgänge in Ihrem Leben, von denen Sie wollen, daß sie sich fortsetzen.« Das Ziel der Therapie wird bei STEVE DE SHAZER inhaltlich ausschließlich vom Patienten konstruiert. Das zeigt sich vor allem bei der »Wunderfrage«. Nichts an der Antwort auf diese Frage ist durch den Therapeuten vorhersehbar. Für ein aufgenötigtes reales oder utopisches »Menschenbild« des Therapeuten ist hier kein Platz. Die so berechtigte Warnung PAUL WATZLAWICKS vor dem Utopiesyndrom wird damit radikal ernst genommen. Wer solche respektvolle Askese verkennt, mag von einem technizistischen Menschenbild sprechen. In Wirklichkeit konzentriert sich der Therapeut bescheiden auf die Technik, derer er mächtig ist, und verbietet sich soweit wie möglich weltanschauliche Präjudizierung der Inhalte. Der Therapeut manipuliert an der Beleuchtung, die er konsequent und suggestiv auf die Ressourcen und Ziele des Patienten richtet. Was das ist, das weiß er selbst oft auch am Ende der Therapie nicht genau. Er unterstützt den Patienten intensiv bei seinen eigenen Zielen, bleibt daher selbst als Beziehung oder gar als Heilsexperte blaß. Der Patient ist Experte. Das macht lösungsorientierte Therapie unfähig zur missionarischen Heilslehre.

Damit hat auch zu tun, daß sie keinerlei Ausschließlichkeitsanspruch erhebt. Sie ist kompatibel mit anderen Psychotherapieformen und wurde, wenn ich recht sehe, von nahezu allen relevanten Therapieformen aufgegriffen, so zum Beispiel von einem so bedeutenden Analytiker wie PETER FÜRSTENAU. Was sie schließlich auch weiter vor Ideologieverdacht schützt, ist, sich nüchtern der Therapieeffizienzforschung zu stellen und der allgemeinen wissenschaftlichen, aber auch öffentlichen Diskussion.

Es ist die Verbindung von konzentrierter Effizienz und Bescheidenheit der Therapie, die mich bei STEVE DE SHAZER so überzeugt. Zum Sinn des Lebens gibt er keine Antworten. Wir Psychotherapeuten können bloß verklemmte Türen öffnen oder verborgene Türen beleuchten, den Schritt hinaus muß der Patient selbst tun, und wohin ihn dann dieses spannende Leben führt, das geht nur den Patienten etwas an.

PAUL LUBECKI

Psychotherapieangebote: Qualitätsstandards, Effizienz, Finanzierbarkeit

Für mich ist es sehr wichtig, daß bei der systemischen Kurzzeittherapie der Patient in den Vordergrund gestellt wird. Das ist in meiner 15jährigen Erfahrung mit vielen psychologischen Berufsverbänden leider nicht immer der Fall gewesen.

Die systemische Psychotherapie und deren Anspruch, nicht nur den Patienten besonders in den Mittelpunkt der Behandlung zu stellen, sondern auch die Behandlungszeit zu verkürzen, sind vor dem Hintergrund der aktuellen Diskussion über die Qualität und die Effizienz aller Sektoren des Gesundheitswesens sowie der steigenden Gesamtausgaben auch für die gesetzliche Kranken-versicherung eine große Herausforderung. Ich möchte dies kurz illustrieren: Allein die AOK hatte 1994 77 Milliarden Leistungsausgaben. Etwa 10 Prozent oder etwa 8 Milliarden DM der Krankenhausausgaben der gesetzlichen Krankenkassen entfielen auf die stationäre Behandlunung psychisch Kranker; etwa 3 Milliarden wurden für die ambulante Versorgung psychisch Kranker ausgegeben. Die Ausgaben für die Rehabilitation sind dabei nicht enthalten. Insofern ist es für die gesetzliche

Krankenversicherung von großer Bedeutung, wenn sowohl Vorschläge zur Verbesserung der Versorgung psychisch Kranker als auch Vorschläge zur Senkung der Ausgaben vorgelegt werden.

Die Standards der gesetzlichen Krankenversicherung für die Einführung neuer Methoden und die Qualitätsmaßstäbe für die Beurteilung und Finanzierung der erbrachten Leistungen orientieren sich an den vom Gesetzgeber den Krankenkassen zugewiesenen Aufgaben.

Welche Aufgabe hat nun die gesetzliche Krankenversicherung? Sie hat für die Beiträge der Versicherten und Arbeitgeber Leistungen einzukaufen, die der Versicherte im Krankheitsfall braucht. Wie müssen die Leistungen beschaffen sein? Soll zum Beispiel ein Asthmakranker eine Luftkur am Himalaja erhalten? Das ist natürlich ein übertriebenes Beispiel. Die Leistungen der gesetzlichen Krankenversicherung müssen ausreichend, zweckmäßig und wirtschaftlich sein. Aus der Sicht der systemisch-lösungsorientierten Kurztherapie scheint der Großteil dessen, was heute 15.000 niedergelassens ärztliche und psychologische Psychotherapeuten machen, mehr als ausreichend, vielleicht nicht mehr wirtschaftlich und vielleicht auch nicht immer notwendig. Hier geht es um die Begriffe Effektivität und Effizienz. Man spricht dann von Effektivität, wenn Leistungen wirksam sind. PAUL WATZLAWICK sagte, es komme nicht darauf an, in der Psychotherapie eine Weltanschauung zu vertreten, sondern wir sprechen in der Psychotherapie über wirksame und unwirksame Methoden. Vorsichtig formuliert, gibt es hier möglicherweise neue wirksamere Methoden, denen sich die anderen bisher praktizierten Methoden in der ambulanten und stationären Versorgung stellen müssen.

Zur Erfüllung dieser Aufgaben haben die Krankenkassen im Rahmen der gesetzlichen Vorgaben, beispielsweise im Rahmen des Sozialgesetzbuchs oder des Krankenhausfinanzierungsgesetzes, Vereinbarungen über den Inhalt, die Qualität und die Finanzierung der für die Versorgung im Krankheitsfall notwendigen Leistungen zu treffen. Das Ziel aller Maßnahmen sind dabei sozial verträgliche Beiträge für die Arbeitgeber und Versicherten – unabhängig von deren Einkommen. Direkt oder indirekt sind von diesen gesetzlichen Rahmenbestimmungen und der Politik der Krankenkassen damit auch die psychologischen und ärztlichen Psychotherapeuten, die Klinikträger oder die Arzneimittel- und Medizintechnikindustrie betroffen.

Eine zentrale Frage der Leistungserbringung ist die Qualität der Leistung durch die Überprüfung der Qualität. Dies gilt auch für die Versorgung psychisch Kranker und für deren Gleichstellung mit somatisch Kranken. Wir möchten den psychisch Kranken auch hinsichtlich der Sicherung der Qualität seiner Therapie nicht anders behandeln als den somatischen Kranken. Die Experten der Qualitätssicherung sagen, Qualität ist nur festzustellen und zu sichern, wenn die Diagnose- und die Indikationsstellung sowie die darauf aufbauende Therapie von externen Experten nachvollzogen werden kann.

Qualität darf sich nach den Aussagen von Experten und den Leitsätzen der AOK zur Versorgung psychisch Kranker jedoch nicht nur auf einzelne Verfahren und auf den Einzelfall beschränken. Die Sicherung der Qualität erfordert zunächst strukturelle Rahmenbedingungen. Hier bestehen im Bildungssektor, etwa bei der psychosomatischen Grundqualifikation der Hausärzte und der Vermittlung neuer Verfahren und neuer Formen der Kooperation und der Qualitätssicherung aller Leistungserbringer immer noch Defizite. Im System der Versorgung psychisch Kranker hat sich jedoch viel getan. So wurden Großkliniken abgebaut und psychiatrische Institutsambulanzen und psychiatrische Abteilungen an Allgemeinkrankenhäusern eingerichtet. Hinsichtlich des Grundsatzes »ambulant vor stationär«, der in Deutschland seit 1980 aufgrund der italienischen Erfahrungen von Experten aufgestellt worden ist, und der aufgezeigten Ausgabenentwicklung in der ambulanten und stationären Versorgung sowie hinsichtlich der Abstimmung der Versorgungsangebote besteht indes noch großer Handlungsbedarf. Dies gilt ebenso für die Einführung von Maßnahmen der Prozeß- und Ergebnisqualität in allen Leistungssektoren.

Um die Richtlinien bei neueren wissenschaftlichen Entwicklungen nicht laufend von Grund auf überarbeiten zu müssen, wurde vor 10 Jahren ein Kriterienkatalog für die Aufnahme neuer Verfahren eingeführt, dem sich jetzt auch die systemische Therapie sorglos stellen kann. Sie muß wie jede von den Krankenkassen finanzierte Therapie vorher im Forschungs- und Wissenschaftsbereich erprobt sein, das heißt, ihre Wirksamkeit muß und das macht Wissenschaft nach KARL POPPER aus – mit wissenschaftlich anerkannten Theorien und Belegen nachgewiesen sein.

Wenn jetzt Therapeuten mit systemisch-lösungsorientiertem Ansatz zu uns kommen, dann werden wir sie fragen: »Welche wissenschaftlich anerkannten Nachweise von externen Wissenschaftlern, welche Qualitätsnachweise existieren?« Wir brauchen eine Prozeß- und Ergebnisqualität.

Wir brauchen in absehbarer Zeit oder in fünf Jahren die Nachweise. Und die systemischen Therapeuten liegen alle schon in den Startlöchern, sie warten darauf, sie zu veröffentlichen.

Diskussion

ELISABETH BREMEKAMP: Wo glauben Sie, wird im Jahr 2010 die systemisch-lösungsorientierte Psychotherapie stehen? Welche Visionen haben Sie?

PAUL WATZLAWICK: Darauf habe ich eine einfache Antwort: Ich habe keinen Zweifel, daß sogar vor dem von Ihnen genannten Jahr bereits wesentlich bessere und neue Ideen in unserem Feld, in unserem Gebiet existieren werden. Ich bilde mir keineswegs ein, die endgültige Wahrheit gefunden zu haben. Die moderne Auffassung der Aufgabe der Wissenschaft besteht ja nicht darin, die Wahrheit zu erkennen, sondern praktische Methoden für praktische Zwecke zu entwickeln.

STEVE DE SHAZER: Ich bin überhaupt nicht gut darin, die Zukunft vorherzusagen. Ich habe also keine Ahnung. Ich würde PAUL WATZLAWICK zustimmen, daß sie sich in irgendeine Richtung entwickeln wird. Und ich hoffe, daß er recht hat, daß sie sich in eine Richtung entwickelt, die mehr Effizienz für uns bringt, aber ich habe auch die Befürchtung, daß es komplizierter werden könnte.

GUNTHER SCHMIDT: Meine Hoffnung ist es, oder so etwas wie ein Gefühl, daß diese systemisch-lösungsorientierten Ansätze großen Einfluß gewinnen, gerade auch aus Kostengründen und aus Effektivitätsgründen; und daß das dazu führen wird, daß sich das Feld der Psychotherapie, so wie es heute besteht, in einer gewissen Weise diversifizieren wird; daß es dann einen Bereich geben wird, in dem es einen ganz professionellen Dienstleistungsjob geben wird, den nennen wir dann vielleicht Psychotherapie, vielleicht auch ganz anders; der wird dann auch bezahlt werden, und kein anderer mehr wahrscheinlich. So hoffe ich es jedenfalls.

Mir ist gerade die Frage nach der Qualitätssicherung in der Zukunft wichtig, daß der Fokus der Therapie ganz auftragsorientiert sein wird und sich auf die Anliegen und Aufträge der Patienten und Klienten begrenzt. Heute ist es so, jedenfalls nach meinem Verständnis, daß Therapeuten zwar die Aufträge von den Klienten hören, daß aufgrund der therapeutischen Konzeptorientierung andere Aufträge quasi im Aquisitionsverfahren dem Klienten werbend unterbreitet werden, und zwar mit der Suggestion, daß die von dem Klienten selber in Auftrag gegebenen Ziele nur erreicht werden könnten, wenn man die anderen X-Zwischenziele noch mitnimmt. Also wenn jemand sagt »Ich will von Köln nach Bonn fahren« und dann ein Angebot kommt »Da kommen wir hin, aber wir sollten erst mal über die Eifel, Hamburg, London, Paris und so weiter, und vorher kann das keine gute Transportmöglichkeit sein.« Das wird sich hoffentlich ändern, und da wird gerade dieser lösungsorientierte Ansatz den entscheidenden Beitrag dazu leisten, weil es dort eben so ist, wie Herr LUBECKI es fordert, nämlich, daß man bei A startet und von dort aus fokussiert, woran man erkennt, daß man bei B angekommen ist. Das Entscheidende bei dieser Arbeit ist, bei keinen anderen Verfahren kenne ich das so, daß diese Aspekte der Qualitätsprüfung täglich, jedesmal in der Sitzung immer wieder von neuem rückgemeldet

werden. Das beginnt ja schon damit, daß man Zielent-
wicklungsskalen mit den Klienten macht und die Klienten dann immer konsequent Rückmeldungen geben, ob
das jetzt was gebracht hat oder nicht. Die gesamte Thera-
pieprozedur ist eigentlich ein ständiges Rückmeldever-
fahren, ein ständiger Qualitätszirkel.

JÖRG FENGLER: Ich möchte Herrn SCHIEPEK dann
gleich mal ansprechen, etwas zum Thema Qualitätsfor-
schung oder Prozeß- und Erfolgsforschung zu sagen.
Gibt es nun einen spezifischen Zugang bei der lösungsorientierten Therapie oder einen spezifischen methodi-
schen Zugriff?

GÜNTER SCHIEPEK: Ich würde diesbezüglich zunächst einmal den eben von Herrn SCHMIDT angespro-
chenen Unterschied zwischen einer Qualitätssicherung
ganz allgemeiner Art – bringt der ressourcen-/ lösungsorientierte Ansatz generell etwas – und einer permanen-
ten Qualitätssicherung im Kleinen, also den ständig lau-
fenden Qualitätszirkeln in jeder einzelnen konkreten
Therapie hervorheben. Beides, denke ich, ist notwendig.
Notwendig ist auch eine kombinierte Prozeß-Effektivi-
täts-Forschung. Um das in die Wege zu leiten, bedarf es
kooperativer Strukturen, das heißt einer konzertierten
Aktion von Einrichtungen, die mit diesen Ansätzen, im
ambulanten und stationären Bereich arbeiten. Es gilt, so
etwas wie eine Basisdokumentation bereitzustellen, eine
Minimalauswahl von Instrumenten festzulegen, um
auch den Standards der internationalen Therapieforschung entsprechend Evaluation durchzuführen. Ich
denke, das ist überfällig und sollte realisiert werden. Es
geht eigentlich nur darum, die Infrastruktur und die
Finanzierung dafür bereitzustellen. Wichtig wäre auch
eine Definition des Verfahrens. Es reicht nicht zu sagen,
man macht lösungs- und ressourcenorientierte Therapie,
und unter diesem Etikett passiert dann sonst was, son-

dern man muß konkret beachten, was Therapeuten tun, die das für sich in Anspruch nehmen. Dazu haben wir in Münster gerade ein Ratingverfahren für lösungs- und ressourcenorientierte Heuristiken entwickelt, das geeignet ist, die entsprechenden Aspekte des therapeutischen Vorgehens unter dieser Perspektive zu kodieren und zu beobachten. Diplomarbeiten von H. HONERMANN, P. MÜSSEN und A. SENKBEIL. Dieses Verfahren ist relativ leicht anwendbar und wird demnächst zur Verfügung stehen, so daß man also nicht nur die abhängige Variable (was kommt bei den Patienten raus), sondern auch die unabhängige Variable (was wird realisiert) in den Blick nehmen kann.

ELISABETH BREMEKAMP: Aus den Publikum kommt eine Feststellung, die verbunden ist mit einer Frage an Herrn Prof. WATZLAWICK und Herrn DE SHAZER. Es ist wohl der Eindruck entstanden, daß es zwischen den Referenten keine Unterschiede gibt. Wodurch unterscheidet sich Ihr Konzept, Herr WATZLAWICK von dem von DE SHAZERS und umgekehrt? Vielleicht in aller Kürze.

PAUL WATZLAWICK: Ja, im wesentlichen sehe auch ich keine Unterschiede. STEVE DE SHAZER insistiert mehr auf der Lösungsorientierung, während ich mich zunächst einmal für das interessiere, was meines Erachtens die Situation erhält, nämlich die versuchte Lösung, die immer und immer und immer wieder angewandt wird. Aber darüber hinaus sehe ich eben keine Unterschiede.

STEVE DE SHAZER: Der Unterschied ist zwischen der Vorderseite und der Rückseite. Das hat unser Freund JOHN WEAKLAND immer gesagt: Einer von uns ist der Kopf, und einer von uns ist der Schwanz. Ich möchte nur gerne wissen, wer wer ist. Wir treffen die Annahme, daß jede Situation in sich selbst die Möglichkeit hat, sich selbst zu erhalten. Das bezieht sich auf das Problem und die versuchten Lösungen, die sich aufrechterhalten, und

genauso auf den Lösungszustand, der sich selber auf-
rechterhält. Ich denke, wir stimmen da überein.

JÖRG FENGLER: Ich möchte da doch gern etwas kon-
kreter fragen, und zwar aus der Geschichte der Neuent-
stehung und auch der Hochblüte und dann schließlich
des Unauffälligerwerdens von allen neuen Schulrichtun-
gen der Psychotherapie. Denn die werben eigentlich
immer mit vier Argumenten: Sie sind kürzer als die vor-
angegangenen, sie sind für zusätzliche Klientengruppen
geeignet, sie erschließen also neue Klientengruppen, für
die es bisher keine Therapie gab, sie sind erfolgreich bei
Klienten, die schon eine lange Therapiekarriere erfolglo-
ser Versuche hinter sich haben, und es gibt keine Kontraindikationen. Das ist immer das vierfache Argument für
das Neue. Und in diese Tradition fügt sich jetzt auch die
lösungsorientierte Therapie nach meinem Eindruck gut
ein.

Jetzt kann man aber in der Vergangenheit sehen,
sowohl die klientenzentrierten als auch die Verhaltens-
therapeuten als auch die Urschreitherapeuten und auch
viele andere haben diese vier Argumente benutzt und
später dann doch ganz sacht von vielem wieder Abstand
genommen. In den sechziger Jahren hieß es: Klientenzen-
trierte Therapie hilft in acht Stunden. Heute ist keine
Rede mehr davon. Urschreitherapie hilft in drei Sitzungen. Totaler Umbau der Persönlichkeit ... Heute ist keine
Rede mehr davon, sondern die Kontraindikationen und
auch die Relativierung in der Wirkung sind leise nachge-
schoben worden. Ich frage jetzt also: Gibt es Kontraindikationen, oder gibt es Bevölkerungsgruppen, mit denen
das nicht so gut geht? Oder ist das doch sozusagen ein
universelles Erfolgsaussichtsversprechen?

PAUL WATZLAWICK: Ich kann darauf nur antworten,
daß es uns darauf ankommt, den betreffenden Fall zu
verstehen und nicht zu kategorisieren. Wir verwenden

keine diagnostischen Bezeichnungen, Ausdrücke mehr, außer auf den Formularen der Versicherungsgesellschaften. Denn KORZYBSKI hat schon auf die Gefahr hingewiesen, wenn es einen Namen für etwas gibt, daß es somit das benannte Ding auch geben muß. KORZYBSKI, der Begründer der allgemeinen Semantik, sagte, »der Name ist nicht das Ding, die Landkarte ist nicht das Land«. Wir kommen von diesem Kategorisieren ab. Wir nehmen jeden Fall als einzigartig, und nicht als ein Fall F39. Dadurch, glaube ich, schützen wir uns gegen die Gefahr, in ein immer starrer werdendes Vorgehen zu kommen.

STEVE DE SHAZER: Ich wollte, ich könnte irgendwas finden, was Versagen vorhervorsagen könnte. Ich suche seit 25 Jahren danach, und es sind sicher nicht diagnostische Kategorien. Es gibt auch nicht den Problemtyp. Es hat auch nichts damit zu tun, wieviel Leute im Therapieraum anwesend sind oder ob der Therapeut das gleiche Geschlecht hat oder das andere oder ob er älter oder jünger ist. Soweit ich das beurteilen kann, ist das Versagen der Therapie Zufallsgeschehen. Und manchmal wird sie versagen. Das ist unausweichlich. Diagnostische Kategorien oder alles andere, was ich betrachtet habe, haben nicht funktioniert, um irgendwelche Vorhersagen zu machen. Aber ich wünschte es, dann hätte ich wenigstens etwas, woran ich demnächst arbeiten könnte.

JÖRG FENGLER: Also keine Kontraindikation?

GUNTHER SCHMIDT: Wir kennen die Kontraindikationen nicht. Aber natürlich gibt es Kontraindikationen. Die werden allerdings in diesem Verfahren konsequenterweise nicht von den Therapeuten bestimmt. Das ist ein wesentlicher Unterschied dabei. Ich erlebe das in meinen Therapien immer so: Damit die Leute nicht die Katze im Sack kaufen, kriegen die quasi eine Produktinformation über zwei Seiten schon mitgeliefert, eine genaue Beschreibung wie ich arbeite, weil das ja nicht der tradi-

tionellen Erwartung der Leute entspricht. Die Kontraindikation bestimmt sich eher dadurch, daß die Klienten
eben nicht an einer kurzzeit-lösungsorientierten Arbeit
interessiert sind. Aus den unterschiedlichsten Gründen,
und die sollte man auch respektieren. Zum Beispiel, weil
sie sich eine lange Sehnsucht erfüllen wollen, endlich mal
auf lange Sicht mit jemanden einen Kontakt zu haben, wo
sie emphatische Begegnungen haben können, und das ist
die Lösung. Die Lösung ist also die Begegnung und nicht
das Ergebnis im Sinne einer Verbesserung des Symptoms,
wobei man sich das langfristig sicher auch vorstellt. Insofern liegen in solchen Erwartungen, die nicht kompatibel
sind mit einer konsequent auf Lösung ausgerichteten
Arbeit, eher die Kontraindikationen, nicht in den traditionellen Diagnosen, und das ist ein wichtiger Unterschied
darin, der aber auch wieder den Respekt für die Autonomie der Klienten widerspiegelt.

Zu den Diagnosen: Wir leben halt nicht in einer
Vakuumwelt, sondern in bestimmten Kontextbedingungen, wo zum Beispiel Krankenkassen bezahlt werden, die
auch Diagnosen brauchen oder wollen. Und da kommt
man nicht drum herum. Ich und auch viele Kollegen
haben über die Jahre versucht, daß wir praktisch mit zwei
Diagnosen arbeiten. Wir definieren also eine Diagnose
für die Krankenkasse, machen aber sofort eine klare
Unterscheidung, dies ist quasi »Gebt dem Kaiser, was des
Kaisers ist«. Dies ist eine Diagnose für die Kasse und sagt
über Sie als Person und über ihre Familie überhaupt gar
nichts aus, außer, daß Sie das für Ihre Kasse brauchen.
Und der Fokus in der Therapie liegt dann darauf, welche
Diagnose würde denn unsere lösungsfödeliche Arbeit
miteinander unterstützen? Und da haben wir ganz
andere Diagnosen. Etwa: »Mutiges Sichstellen und Neu-
entwickeln von Lösungen.«

Noch ein paar Worte zur Therapiezeit: Ich bin auch

nicht der Auffassung, daß man Lösungsorientierung, gerade wenn man an den Erwartungen der Klienten orientiert ist, jetzt unbedingt höher, schneller, weiter, Richtung olympisches Medaillenverfahren machen sollte, sondern eben auch die Therapiedauer mit den Klienten abstimmt. Das bedeutet für viele Klienten, mit denen ich arbeite, das direkte Problem ist nach fünf, sechs Sitzungen schon gelöst. Aber dann merken die Leute, jetzt beginnen neue Ziele plötzlich für sie interessant zu werden, die mit dem Ausgangsproblem nicht unbedingt in Verbindung standen, wo sie vielleicht gerne noch weitere zehn, fünfzehn Sitzungen hätten. Das wird dann allerdings umdefiniert. Eine typische Umdefinition bei mir ist: »Schauen Sie, für das, was Sie hierher führte, brauchen Sie diese therapeutischen Gespräche nicht mehr«. Nach meiner Erfahrung macht es keinen Unterschied in der Effektivität, ob ich einzeln oder mit zwei oder mit zehn Leuten arbeite. Entscheidend ist aber, daß alles, was gemacht wird, nicht auf dem individuellen Fokus bleibt, sondern immer in den Beziehungskontext hineinprojiziert werden muß, und da gibt es eben keinen Effektivitätsunterschied nach meinen Erfahrungen.

Jörg Fengler: Ich frage Sie, Herr Isebaert, auch weil Sie es ja als Klinikleiter mit einer Fülle von schweren psychischen und psychosomatischen Auffälligkeiten zu tun haben, ist Ihnen etwas über besonders ansprechbare und weniger ansprechbare Patienten begegnet?

Luc Isebaert: In den Jahren, in denen ich mit dem lösungsorientierten Ansatz arbeite (ich leite eine psychiatrische Abteilung in einem allgemeinen Krankenhaus), habe ich keine Kontraindikationen gesehen, aber schon Einschränkungen. Es gibt zum Beispiel Leute, die eine Alkoholintoleranz haben. Die werden wir nicht ändern mit unserer Kurzzeittherapie. Es gibt Leute, die können es sich leisten, jeden Tag etwas zuviel zu trinken, und das über Jahre hinweg zu machen, und die werden nicht alkoholabhängig. Und es gibt Leute, die sich das nicht leisten können, die nach kurzer Zeit schon abhängig geworden sind. Bei diesen Leuten ist das etwas Physiologisches, das können wir mit der Kurzzeittherapie nicht ändern. Was wir machen können, ist, diesen Leute dabei zu helfen, die richtige Wahl zu treffen, entweder abstinent zu leben oder nur ganz wenig zu trinken.

Eine andere Einschränkung bei diesem Therapieansatz kann ich an folgendem Beispiel aufzeigen: Eine Frau von 35 Jahren ist suizidgefährdet und hat eine schwere Anorexie-Bulimie, hört Stimmen; bei ihr stellt sich heraus, daß sie ein schweres Inzestopfer ist. Ihr kann man es nicht zumuten in 4,2 Sitzungen ihr ganzes Leben zu ändern. Man muß der Frau die Zeit geben, daß sie diese Vergangenheit bewältigt, was es in ihrem Leben an Beschränkungen gibt, daß sie damit fertig werden kann. Dafür braucht sie Zeit. In diesem Fall wird die Definition von Kurzzeittherapie sein, sich die Zeit zu nehmen, die diese Patientin braucht, um damit fertig zu werden.

JOACHIM HESSE: Für mich sind Kontraindikationen auch Aussagen über therapeutische Konstruktionen, nicht nur über Patienten. Ich erlebe auf seiten von Therapeuten, daß Kontraindikationen in Form von bestimmten Aussagen gemacht werden: entweder durch die Bezeichnung »Widerstand« oder einer diagnostischen Kategorie. Wir probieren hier, wenn wir eine Kontraindikation stellen, das eher als eine Aussage über uns oder über den Klinikrahmen zu formulieren. Der Klinikrahmen kann manchmal kontraindiziert sein – oder der jeweilige Therapeut.

JÖRG FENGLER: Eine Frage an Herrn DE SHAZER: Haben Sie auch die Erfahrung gemacht, daß mit sogenannten »einfach strukturierten« Menschen es schwierig ist, die Wunderfrage auszuführen? Wenn die Wunderfrage gestellt wird und der Betreffende sagt: »Keine Ahnung, weiß ich nicht« – was tun Sie dann?

STEVE DE SHAZER: Die Antwort »Ich weiß es nicht« ist die einzig wirklich angemessene Antwort, die der Klient geben kann. Sherlock Holmes hat einmal gesagt, daß eine Frage, auf die man sofort eine Antwort parat hat, nicht sehr viel wert ist. Wenn ein Klient zu mir sagt: »Ich weiß es nicht«, dann ist es, als ob er mir sagen würde: »Halt den Mund und laß mich nachdenken!« Das heißt, ich werde dasitzen und warten. Die Forschung hat uns gezeigt, daß zwei Sekunden innerhalb eines Gespräches als eine sehr lange Zeit wahrgenommen wird. Aber wenn man sich im nördlichen Norwegen aufhält, dann ist man besser vorbereitet auf 15 bis 18 Sekunden Wartezeit. Wenn man einfach sitzen bleibt und wartet, dann werden die Klienten sehr bald anfangen, irgendeine Antwort zu entwickeln. Bei jeder Frage braucht die Beantwortung der Wunderfrage sehr viel Zeit und Anstrengung auf beiden Seiten, um herauszufinden, was diese Person im Detail genau meint. PAUL WATZLAWICK sagte bereits, daß die Erfragung der problemaufrechterhaltenden Details sehr harte Arbeit sein kann. Genauso ist es mit der Erfragung lösungsaufrechterhaltender Bedingungen. Nur auf diese Weise ist es möglich, mit dem Klienten die Möglichkeit zu schaffen, irgendwann festzustellen, daß er wirklich da angelangt ist, wo er hinwollte, weil er das vorher nämlich ganz genau beschrieben hat und dann sagen kann: »Hier bin ich angelangt«.

JOACHIM HESSE: Wir sind hier eine Klinik, wo Patienten sind, von denen manche Leute sagen, sie seien »einfach strukturiert«, und als wir STEVE DE SHAZER eingeladen haben, jetzt über vier Jahre lang, waren wir zuerst selber skeptisch, ob das mit sogenannten »einfachen« Patienten möglich ist. Wir werden ständig danach gefragt. Wir geben den Patienten sehr viel Zeit, um sich eine Lösungsbühne, um sich Lösungen bauen zu können. Die Behauptung, diese Therapie sei nur bei sogenannten »schlauen« Leute praktizierbar, und nicht bei sogenannten »einfachen« Patienten, stimmt nicht mit meiner Erfahrung überein. Ich habe die Erfahrung gemacht, daß es dann, wenn es bei »einfach strukturierten« Leuten nicht klappt, eher eine Aussage über den Therapeuten ist. Die Kontraindikation ist der Therapeut, weil er sich von dem Gerede der »einfach strukturierten« Patienten hat blind machen lassen.

Jörg Fengler: Ich möchte eine Frage anschließen, die gestellt wurde und die in eine ähnliche Richtung geht: »Wie geht man mit Panikattacken um, wenn einmal entdeckte Lösungen plötzlich doch nicht helfen.« Man hat also etwas erarbeitet oder konstruiert und denkt, man ist auf dem richtigen Weg, und nach einigen Tagen ist es wie gelöscht. Vielleicht muß man es nicht ganz eng auf Panikattacken beziehen, sondern kann es in bezug von Angstproblemen allgemein ansprechen.

Gunther Schmidt: Wenn Panikattacken wiederkommen, ist das vor allen Dingen eine Information darüber, daß das schon längst hilfreiche Wissen noch nicht ausreichend genug integriert ist in das Ganze, und das hängt meiner Erfahrung nach meistens mit folgenden Dingen zusammen: mit einem perfektionistischen Erwartungsdruck, den die Leute an sich selbst stellen, und dazu brauchen sie übrigens gerade die Begleitung der lösungsorientierten Therapeuten, sich davor zu schützen. Wenn sie die Kompetenz mal erleben, mit einer Panikattacke fertig geworden zu sein, ist es meistens wie beim Schwarzweißdenken so, daß sie jetzt sofort von sich erwarten, sie müßten jetzt für immer die Kurve gekriegt haben und bei den geringsten Anzeichen einer wiederaufflammenden Panik sich selbst in ihrem Erfolgsprogramm entwerten und sich mit einem gnadenlos selbstkritischen Programm dann wieder begegnen. So etwas wie eine liebevoll tröstende Unterstützung für die Ehrenrunden, die wiederkommen, ist dann einzuüben, und es sollte überlegt werden, wie man damit umgehen könnte, um sie abzufangen.

STEVE DE SHAZER: Was hier passiert, ist, daß der Patient vergißt, daß er drei erfolgreiche Tage hatte. Ich werde mit ihm diese drei Tage explorieren und herausfinden, was da funktioniert hat und die Lösung unterstützte, die funktionierte. Ich werde das so genau im Detail untersuchen, wie nur möglich. Und ich werde die Tage, an denen es nicht funktionierte, ignorieren.

PAUL WATZLAWICK: Es gibt eine paradoxe Verschreibung, die darin besteht, daß das Symptom als solches verschrieben wird. Damit erzeugt der Therapeut eine Sei-spontan-Paradoxie. Die kann darin bestehen, daß man zum Beispiel sagt: »Also gut, bitte versuchen Sie Ihre Panikattacken von diesem Kontext auf jenen Kontext zu übertragen. Schauen Sie, ob es Ihnen möglich ist, eine Sache zu fürchten, die Sie bisher nicht fürchten mußten.« Das kann überaus nützlich sein, denn die Verschreibung eines Symptoms, das von dem Betreffenden bisher als etwas völlig Spontanes erlebt wird, das er nicht unterdrücken kann, erzeugt eben eine sogenannte Sei-spontan-Paradoxie und nimmt die Spontaneität weg.

JÖRG FENGLER: Eine weitere Frage richtet sich an Herrn DE SHAZER und heißt: »Was hilft ihr (gemeint ist offenbar eine Frau) – sie ist als Kind mißbraucht worden, ist heute Hotelangestellte und wird rot, sobald ein Mann auftaucht?«

STEVE DE SHAZER: Das ist schwierig. Ohne daß ich weiß, wohin wir wollen, kann ich die Frage nicht beantworten. Meine Erfahrung ist, daß bei fünf Frauen, die mir alle genau diese Geschichte erzählen, die Antworten auf die Wunderfrage hinsichtlich ihrer Ziele immer noch sehr unterschiedlich sind. Die Antwort auf die Wunderfrage bestimmt ja, wohin wir gehen, und dann auch, wie wir dahin kommen. Aber ein Teil unserer Konversation wird trotzdem darin bestehen, zu schauen, wann trifft sie auf Männer und wird *nicht* rot. In welchen Kontexten findet so etwas statt. Das wird einer der Ausgangspunkte sein. Und in neun von zehn Fällen wird sie in der Lage sein, einige solcher Punkte zu identifizieren.

GUNTHER SCHMIDT: Ich würde das gerne ergänzen und die Gelegenheit nutzen, jetzt einen anderen Aspekt der Lösungsorientierung reinzubringen, der mir bislang fehlt, und da sind, glaube ich, auch Unterschiede zwischen mir und STEVE DE SHAZER, die wir seit vielen Jahren diskutieren.

In der Frage dieser Frau höre ich, daß sie ihrem eigenen Erleben gegenüber eine einseitige Parteinahme macht, was man natürlich gut verstehen kann. Ich würde es jetzt mal anders formulieren: Eine Seite von ihr findet es schlecht zu erröten, wenn Männer auftauchen, eine andere Seite aber findet es sehr sinnvoll zu erröten, wenn Männer auftauchen. Ihr bewußtes Ich ist völlig einseitig identifiziert mit der einen Seite – die will, daß sie endlich nicht mehr errötet, wenn Männer auftauchen. Das ist auch verständlich und sehr anerkennenswert. Dadurch entsteht aber nun eine Art innere Kampfsituation gegen eine andere Seite in ihr, die eben aufgrund vergangener Erfahrungen, möglicherweise Mißbrauch, so aussieht, als ob es jede Menge Gründe gibt zu erröten, wenn Männer auftauchen. Diese frühere Zeit wird durch diese Art von Zielformulierungen, die hier vorgestellt werden, mißachtet und nicht respektiert. Das ist gerade ein Aspekt, wo die Lösungsorientierung zu etwas Integrativem führen kann, indem man natürlich mit dem Ziel geht, zum Beispiel, daß sie nicht mehr errötet, wenn ihr das so wichtig ist, aber dabei herausfindet und herausarbeitet, wie man würdigen kann, was bisher für das Erröten gesprochen hat, und wie man das in eine ganzheitliche Zielvorstellung mit hinübertransferiert. Denn in diesen Symptomen liegt eine unglaubliche Menge von Weisheit, wenn man sie nur so auf dieser Ebene anschaut, und ich finde, da wird diese Frau sich selbst nicht gerecht, wenn sie diese Zielvorstellung so einseitig formuliert.

Das kann man im Suchtbereich genauso sehen. Alkoholismus ist immer Ausdruck eines Wissens, einer Sehnsucht nach erfüllenden Erlebnissen, nur mit dem Mißverständnis, das würde man nur über ein Suchtmittel kriegen. Also muß die Sehnsucht bewahrt werden und jetzt aber in eine Weise überführt werden, daß man ohne die destruktiven Seiten des Lösungsversuches die Erfüllung der Sehnsüchte hinkriegt. Es geht also darum, daß man trotzdem das kriegt, was man sich im Symptomprozeß ersehnt hat. Diese Art von Lösung gefällt mir persönlich immer wesentlich besser.

ELISABETH BREMEKAMP: Eine weitere Frage richtet sich über die Therapie hinaus, und zwar dahingehend, daß festgestellt wird, daß in der Gesellschaft verschiedene große Themen ja auch unter einer »Problemtrance« leiden. Die Frage ist, läßt sich dieser lösungsorientierte Ansatz möglicherweise auf andere Systeme übertragen, zum Beispiel auf das Großsystem Kirche. Oder auch das Großsystem Schule oder die Gewerkschaft.

MANFRED LÜTZ: Ich habe mal bei der Thomas-Morus-Akademie versucht, den lösungsorientierten Ansatz auf die katholische Kirche zu übertragen, was zu ganz spaßigen Ergebnissen geführt hat. Da gibt es ja auch die Clinchformen von Progressiven und Konservativen, die sich völlig verhakt haben, sich aber gegenseitig brauchen und im Grunde genommen einen ganz konservativen und in sich geschlossenen Reigen tanzen. Da wäre es interessant, neue Lösungen zu finden und auch einmal mehr lösungsorientiert zu schauen, was denn in diesem Großsystem Kirche klappt.

Jörg Fengler: Noch andere Institutionen vielleicht, die Erfahrungen dieser Art haben?

Günter Schiepek: Ja, vielleicht kann ich etwas zu meiner eigenen Tätigkeit sagen, nämlich zur Lehre im Bereich der Hochschule, also zur klinischen Ausbildung. Ich denke, daß dieser Ansatz im Bereich der klinisch-psychologischen Hochschulausbildung außerordentlich wertvoll ist, weil nämlich die doch relativ klare Struktur, die da vorgegeben ist, gut trainierbar ist, zumindest für die ersten Sitzungen – nämlich Klärung des Überweisungskontextes und Klärung des Anliegens beziehungsweise des Auftrags, Wunderfrage, aufgrund dieser Wunderfrage Explorieren von Ausnahmen, Arbeiten mit Skalierungsfragen, die Beendigung der Sitzung, Beratung mit dem Team und entsprechende Rückmeldungen an die Klienten. Das ist eine relativ klare, einfache Struktur und daher für Studenten, die die ersten Gehversuche mit therapeutischen Basiskompetenzen machen, ein wertvoller Einstieg. Ebenso ist es ein wertvoller Einstieg für die ersten eigenen Therapien, die unter einer Supervision stattfinden. So denke ich, daß Steve de Shazer, vielleicht ohne es zu wissen, der deutschen Hochschullehre einen unendlich wertvollen Beitrag geleistet hat.

Joachim Hesse: Ich möchte die Differenz zwischen den beteiligten Referenten möglicherweise noch erhöhen. Was mich schon lange beschäftigt, ist, wie eng lösungsorientiertes Handeln verknüpft ist mit konstruktivistischen Ideen – ob das jetzt radikal-konstruktivistische oder sozial-konstruktionistische sind –, wie eng oder wie lose sind beide Bereiche miteinander gekoppelt?

Paul Watzlawick: Darf ich beginnen. Ich bin der Meinung, daß der konstruktivistische Ansatz durchaus anwendbar ist. In dem Augenblick, wo ich glaube verstanden zu haben, daß wir uns unsere Wirklichkeiten konstruieren, wird für mich die Therapie zu einer Technik, welche durch Wirklichkeitskonstruktionen zu einer Veränderung der Wirklichkeit zweiter Ordnung führt. Da wäre auch als Beispiel das Buch »Der Steppenwolf« von HERMANN HESSE zu erwähnen, wo Sie eine sehr gute Beschreibung davon finden. Gegen Ende des Buchs ist der Steppenwolf im »magischen Theater«. HESSE nennt diesen Mann einen »Aufbaukünstler«, ein viel schöneres Wort als Konstruktivist, der ihm eine völlig neue Sicht der Wirklichkeit eröffnet, die sich aus denselben Bestandteilen zusammensetzt wie die bisherige, aber dennoch einen ganz anderen Sinn hat.

STEVE DE SHAZER : Ich glaube nicht, daß es eine notwendige Verbindung gibt zwischen Konstruktivismus und Therapie-Machen. Ich glaube, daß der Konstruktivismus eine Art Weltsicht ist, die eine Linse ermöglicht, durch die man sich anschauen kann oder beschreiben kann, was in der Therapie passiert. Ohne diese Linse würde vielleicht das, was in Therapie passiert, noch mystischer für uns aussehen, als es das jetzt schon tut. Vielleicht hilft es, Dinge klarzumachen, aber vielleicht auch nicht. Ich glaube, daß man Kurzzeittherapie machen kann, ohne irgendeinen dieser Gedanken über Konstruktivismus oder Epistemologien im Kopf zu haben.

LUC ISEBAERT: Alle Menschen und auch unsere Patienten machen sich laufend Hypothesen über die Welt, warum ich etwas mache und wieso ich dazu gekommen bin und was es für kausale und andere Verbindungen gibt zwischen verschiedenen Geschehnissen in meinen Leben und über meine Relationen zu anderen und so weiter. Diese Hypothesen, die wir darüber machen, halten wir meistens für wahr. Wir meinen, daß es einen Wahrheitsgehalt in den Hypothesen geben kann, obwohl es nie einen Wahrheitsgehalt in Hypothesen geben kann. Hypothesen können sich auf Wahrnehmungen, auf Beobachtungen stützen, die wahr sind oder die nicht wahr sind. Ich kann mich geirrt haben in einer Beobachtung, oder ich kann mich nicht geirrt haben. Die Beobachtung kann wahr sein oder nicht wahr sein. Die Hypothese, die zwei oder mehr Beobachtungen verbindet, die ist nie wahr oder nicht wahr. Die ist nur nützlich oder nicht nützlich. Und was unterscheidet Hypothesen, die die Patienten aufstellen, von anderen Hypothesen? Das ist eigentlich, daß sie nicht so nützlich sind, weil sie eben die Patienten dazu bringen, symptomatisch zu handeln und daß sie trotzdem an diesen Hypothesen festhalten. Zum Beispiel die Hypothese, daß »es« stärker ist als ich, daß ich keinen Widerstand leisten kann gegenüber dem Symptom, der Flasche oder der Depression oder den depressiven Gefühlen. Solch eine Hypothese ist nicht nützlich, denn wenn ich denke, ich kann da keinen Widerstand leisten, dann tue ich auch nichts dagegen. Was wir da als lösungsorientierte Therapeuten tun können, ist, den Leuten möglichst mehr als eine, also möglichst verschiedene alternative Hypothesen zu offerieren, so daß sie wählen können, wie sie jetzt diese symptomatische Situation sehen wollen oder was für Hypothesen sie sich darüber machen möchten.

Jörg Fengler: Schönen Dank. Ich möchte selbst jetzt gerne noch ein Schlußwort sagen. Ich habe versucht, die Reaktionen aus dem Publikum ein wenig atmosphärisch aufzunehmen. Da ist für mich als wiederkehrendes Element immer wieder eine gewisse Hoffnung spürbar gewesen, und zwar eine doppelte Hoffnung: erstens die Hoffnung, in dem lösungsorientierten Ansatz könnte manche festgefahrene Therapie einen neuen Impuls erfahren, es könnte eine Möglichkeit geben, dem Klienten ein wenig mit dem, was man sowieso schon macht, eine Lockerung mitzubringen …

Und zweitens die Hoffnung, daß es auch in unserem eigenen therapeutischen Handeln mit Hilfe des lösungsorientierten Impulses manchmal gelingen könnte, eine Einseitigkeit und Festgefahrenheit zu lockern. Das bedeutet für mich nicht, mit fliegenden Fahnen von den bisherigen eigenen therapeutischen Paradigmen zum lösungsorientierten Paradigma überzulaufen. Aber es ist eine legitime doppelte Hoffnung für den Klienten und für uns selbst. Ich denke also, es ist möglich, lösungsorientierte Therapie in einer doppelten Funktion zu betrachten. Einerseits als ganz eigenständige Form von Therapie und andererseits als eine erfrischende und belebende Erweiterung dessen, was wir bisher schon tun.

Literatur

BANDLER, R.; GRINDER, J. (1981): Neue Wege der Kurzzeittherapie. Paderborn.

BANDURA, A. (1986): Social Foundations of thought and action.
Englewood Cliffs, NJ.

BATESON, G. (1985): Ökologie des Geistes. Frankfurt a.M.

BATESON, G. JACKSON, DON, D., HALEY, J., WEAKLAND, W. (1969):
Auf dem Weg zu einer Schizophrenie-Theorie. In: BATE-
SON, G. et al. (Hg.), Schizophrenie und Familie. Ffm., S. 11–43

BAURIEDL, TH. (1995): Die Ressourcen der Psychoanalyse. In:
BURIAN, W. (Hg.), Die Zukunft der Psychoanalyse. Psycho-
analytische Blätter, Bd. 3. Göttingen.

BERG, I. K. (1992): Familienzusammenhalt(en). Dortmund.

BERGIN, A. E.; GARFIELD, S. L. (1994): Overview, Trends and
Future Issues. In: Bergin, A. E.; GARFIELD, S. L. (Hg.), Hand-
book of Psychotherapy and Behavior Change, 4th ed. New
York.

BOHR, N. (1958): Atomphysik und menschliche Erkenntnis.
Braunschweig.

BORN, M. (1964): Rede auf der 14. Nobelpreisträgertagung in
Lindau.

DELL, P. (1986): Klinische Erkenntnis. Dortmund.

DOLAN, Y. (1991): Resolving Sexual Abuse: Solution-Focused
Therapy and Ericksonian Hypnosis for Adult Survivors.
W.W. Norton.

DÖRNER, D. (1994): Selbstreflexion und Handlungsregulation. In: LÜBBE, W. (Hg.), Kausalität und Zurechnung. Berlin.

DÜRR, H.-P. (1988): Das Netz des Physikers. München.

DÜRR, H.-P. (1994): Respekt vor der Natur – Verantwortung für die Natur. München.

DUNGL, W. (1996): Men's Health.

EBERLING, W.; HESSE, J. et al. (1996): Suche nach Lösungen. In: EBERLING, W.; HARGENS, J. (Hg.): Einfach, kurz und gut. Dortmund.

EFRAN, J. S. (1992): Sprache, Struktur und Wandel. Dortmund.

FREUD, S. (1914): Erinnern, Wiederholen und Durcharbeiten. In: FREUD, S., Schriften zur Behandlungstechnik. Frankfurt 1975.

FÜRSTENAU, P. (1992): Entwicklungsförderung durch Therapie. München.

GADAMER, H.-G. (1993): Hans-Georg Gadamer im Gespräch. Heidelberg.

GILLIGAN, S. (1991): Entwicklungsförderung durch Therapie. Heidelberg.

GLASERFELD, E. v. (1979): Reflections on John Fowles' »The Magus« and the Construction of Reality. The Georgia Review 33.

GLASERFELD, E. v. (1981): Einführung in den radikalen Konstruktivismus. In: WATZLAWICK, P. (Hg.), Die erfundene Wirklichkeit. München.

GOOLISHIAN, H. (1992): Harrys Vermächtnis. In: Zeitschrift für systemische Therapie 3, Dortmund.

GRAWE, K. (1995): Grundriß einer Allgemeinen Psychotherapie. Psychotherapeut 40, Berlin.

GRAWE, K. (1996): Klärung und Bewältigung. In: REINECKER, H. et al. (Hg.), Verhaltenstherapie, Selbstregulation, Selbstmanagement. Göttingen.

GRAWE, K. (1996): Umrisse einer zukünftigen Psychotherapie. In: BENTS, H. et al. (Hg.), Erfolg und Mißerfolg in der Psychotherapie. Regensburg.

GRAWE, K.; CASPAR, F.: Handeln aus Einsicht in therapeutische Wirkprinzipien statt Handeln nach Regeln. (In Vorb.)

GRAWE, K. et al. (1994): Psychotherapie im Wandel. Göttingen.

HAHN, K. (1993): Lösungsorientierte Kurzpsychotherapie nach

de Shazer. In: HAHN, K.; MÜLLER, F.-W., Systemische Erziehungs- und Familienberatung. Mainz.

HALEY, J. (1996): Typisch Erickson. Paderborn.

HARGENS, J. (1994): Psychotherapie wirkt – aber was erfaßt empirische Therapieforschung (nicht)? In: Report Psychologie 10.

HARGENS, J. (1995): Kurztherapien und Lösungen – Kundigkeit und Respektieren. Familiendynamik 1995/1, Stuttgart.

HEISENBERG, W. (1973): Das Teil und das Ganze.

HESSE, J. (1994): Systemisch-lösungsorientierter Konzeption der Klinik St. Martin. Stotzheim.

HÖDER, J. (1992): Wie können wir Therapien verkürzen? In: GWG (Hg.), Jahrbuch für personenzentrierte Psychologie und Psychotherapie. Köln.

HOYNINGEN-HUENE, P. (1989): Die Wissenschaftsphilosophie THOMAS S. KUHNS. Braunschweig.

ISEBAERT, L. (1994): Vortrag: Lösungsorientierte Suchttherapie und Wahlfreiheit im stationären Kontext. Stotzheim.

JASPERS, K. (1947): Von der Wahrheit. München.

KAIMER, P. (1995): Lösungsorientiert zuerst! In: Verhaltenstherapie und psychosoziale Praxis 3/95, Tübingen.

KANFER, F.-H.; REINECKER, H.; SCHMELZER, D. (1996): Selbstmanagement-Therapie. Berlin.

KLIPPSTEIN, H. (Hg.; 1994): Das Vergessen vergessen. Heidelberg.

KORZYBSKI, A. (1933): Science and Sanity. Amsterdam.

KOSS, M. P.; SHIANG, J. (1994): Research on Brief Therapy. In: BERGIN, A. E.; GARFIELD, S. L. (Hg.), Handbook of Psychotherapy and Behavior Change, 4th ed. New York.

KUHL, J. (1996): Wille, Freiheit, Verantwortung. In: CRANACH, M. v. et al. (Hg.), Freiheit des Entscheidens und Handelns. Heidelberg.

LANG, H. (Hg.; 1990): Wirkfaktoren in der Psychotherapie. Berlin.

LIPCHIK, E. (1994): Die Hast, kurz zu sein. In: Zeitschrift für systemische Therapie 4, Dortmund.

LOTH, W. (1996): Ein heuristisches Schema zum Unterscheiden psychosozialer Hilfsangebote. In: Systeme, Heft 1/96, Wien.

LUDEWIG, K. (1992): Systemische Therapie. Stuttgart.

LUDEWIG, K. (1996): Systemische Therapie in Deutschland. Familiendynamik 1/1996, Stuttgart.

LUHMANN, N. (1988): Therapeutische Systeme – Fragen an Niklas Luhmann. In: SIMON, F. B. (Hg.), Lebende Systeme. Heidelberg.

MARQUARD, D. (1995): Glück im Unglück. München.

MATURANA, H. R.; VARELA, F. J. (1989): Der Baum der Erkenntnis. München.

MILLER, S. D. (1996): Handbook of solution-focused Brief Therapy. San Francisco.

MOLNAR, A.; LINDQUIST, B. (1990): Verhaltensprobleme in der Schule. Dortmund.

NAUMANN, A (1996): Lösungsorientierte Therapie und VT: Was für eine Verhaltensanalyse darf's denn sein, auf daß die Therapie erfolgreich ist? In: HENNIG, H.; FIKENTSCHER, E. et al. (Hg.): Kurzzeit-Psychotherapie in Theorie und Praxis. Lengerich.

NGAPKA, CHÖGYAM RINPONCHE (1993): Der Biß des Murmeltiers. Paderborn.

ORLINSKY, D. E. (1994): Learning from Masters. In: Psychotherapeut 1, Heidelberg

PIAGET, J. (1937): La construction du réel chez l‹enfant. Neuchàtel.

POINCARÉ, H. (1913): La morale et la science. Paris.

REITER, L.; STEINER, E. (1996): Psychotherapie und Wissenschaft. In: PRINZ, A. (Hg.), Psychotherapie – eine neue Wissenschaft vom Menschen?

SCHIEPEK, G. (1991): Systemtheorie der klinischen Psychologie. Braunschweig.

SCHIEPEK, G. (1996): Ausbildungsziel »Systemkompetenz«. In: REITER, L. et al. (Hg.), Von der Familientherapie zur systemischen Perspektive. Berlin.

SCHLIPPE, A. v.; SCHWEITZER, J. (1996): Lehrbuch der systemischen Therapie und Beratung. Göttingen.

SCHWARZER, R. (1992): Stress, Angst und Handlungsregulation. Göttingen.

SCHWEITZER, J. (1995): Kundenorientierung als systemische Dienstleistungsphilosophie, Familiendynamik 3/1995. Stuttgart.

SHADISH, W., RAGSDALE, K., GLASER, R., MONTGOMERY,

L.: Effektivität und Effizienz von Paar- und Familientherapie: eine metaanalytische Perspektive. Familiendynamik 1, '97, Stuttgart.

SHAZER, ST. DE (1989): Der Dreh. Heidelberg.

SHAZER, ST. DE (1989): Wege der erfolgreichen Kurztherapie. Stuttgart.

SHAZER, ST. DE (1992): Das Spiel mit Unterschieden. Heidelberg.

SHAZER, ST. DE (1992): Muster familientherapeutischer Kurzzeittherapie. Paderborn.

SHAZER, ST. DE (1996): Worte waren ursprünglich Zauber. Dortmund.

SHAZER, ST. DE et al. (1986): Kurztherapie – Zielgerichtete Entwicklung von Lösungen. Familiendynamik 11. Stuttgart.

SPENCER-BROWN, F. (1973): Laws of Form. New York.

STIEHL-WERSCHAK, J. P. et al. (1991): Was wirkt in der Therapie? In: System und Familie 4, Heidelberg.

STIERLIN, H. (1994): Ich und die anderen. Stuttgart.

TSCHUSCHKE, V. et al. (Hg.; 1993): Psychotherapie – welche Effekte verändern? Heidelberg.

UEXKÜLL, TH. V.; WESIACK, W. (1991):Theorie der Humanmedizin. München.

VAIHINGER, H. (1911): Die Philosophie des Als ob. Berlin.

VICO, G. (1958): De Antiquissimo Halorum Sapentia. Neapel.

WATZLAWICK, P. et al. (1994): Lösungen. Bern

WEAKLAND, J. H. (1995): Konversation – aber von welcher Art? In: Systeme, Jg. 9/Heft 2, Wien.

WEINER-DAVIS, M. (1995): Das Scheidungs-Vermeidungs-Programm. Hamburg.

WEIZSÄCKER, C. F. v. (1956): Gestaltkreis und Komplementarität. in: VOGEL, P. (Hg.), Viktor von Weizsäcker. Arzt im Irrsal der Zeit. Göttingen.

WEIZSÄCKER, CH. v. (1989): Die Chance der Unvollkommenheit. In: MÜLLER, R. (Hg.), Systeme als Programm. Köln

WEIZSÄCKER, CH. v. (1992): Leben Zwischen Vielfalt und Perfektion. In: WERNER, W. (Hg.), Chaos und Ordnung. Merzig.

WILLIAMS, A. J. (1993): Und im Hintergrund wartet der Vulkan. In: Psychodrama 2, Köln.

YALIM, I. D. (1989): Theorie und Praxis der Gruppenpsychotherapie. München.

ZEIG, J. K. (1995): Die Weisheit des Unbewußten. Heidelberg.

Autoren

JOACHIM HESSE, Dipl.-Psych., geb. 1952, ist Klinischer Psychologe, Psychotherapeut und Supervisor (BDP). Er absolvierte mehrere Therapieausbildungen, unter anderem in systemisch-lösungsorientierter Psychotherapie bei Insoo Kim Berg, Steve de Shazer, Eve Lipchik und Gunther Schmidt. Er ist Leitender Psychologe der Klinik St. Martin, Fachklinik für psychosoziale Behandlung und Rehabilitation in Euskirchen-Stotzheim. Dort führte er den lösungsorientierten Ansatz ein.

LUC ISEBAERT, Dr. med., geb. 1941, ist Chefarzt der psychiatrischen und psychosomatischen Abteilung im St. Jans Hospital in Brügge und Paris; Sekretär der Europäischen Gesellschaft für Kurztherapie. Er ist Begründer des »Brügger Modells« für eine lösungsorientierte Behandlung von Alkoholikern.

PAUL LUBECKI, Dr. rer. pol., geb. 1942, ist Wirtschafts- und Sozialwissenschaftler. Er ist beim AOK-Bundesverband im Bereich Bedarfsplanung tätig.

MANFRED LÜTZ, Dr. med., geb. 1954, ist Facharzt für Psychiatrie und Psychotherapie, Nervenarzt. Er ist Leitender Arzt der Klinik St. Martin, Fachklinik für psychosoziale Behandlung und Rehabilitation in Euskirchen-Stotzheim sowie Oberarzt der psychiatrischen Abteilung des Marienhospitals Euskirchen.

GÜNTER SCHIEPEK, Dr. phil. (Psychol.), geb. 1958, ist Privatdozent an der Universität Münster. Er ist Mitbegründer des Forschungsinstituts für Systemwissenschaften in München.

GUNTHER SCHMIDT, Dr. med., Dipl. rer. pol., ist Leiter des Milton-Erickson-Instituts Heidelberg, Mitbegründer und Lehrtherapeut der Internationalen Gesellschaft für Systemische Therapie sowie Mitbegründer des Heidelberger Instituts für systemische Forschung. Er ist Leitender Arzt der Abteilung systemisch-hypnotherapeutische Psychosomatik der Fachklinik am Hardberg, Siedelsbrunn.

STEVE DE SHAZER, Research Director of Brief Therapy Center (BFTC) in Milwaukee, USA, hat das lösungsorientierte Vorgehen in der Kurztherapie entwickelt. Er gilt als einer der erfahrensten und innovativsten Kurzzeittherapeuten.

PAUL WATZLAWICK, Prof. Dr. phil., Diplom des C.G.-Jung-Instituts für Analytische Psychologie, ist Forschungsbeauftragter am Mental Research Institute in Palo Alto, Kalifornien, und hat einen Lehrauftrag an der Stanford University, Abteilung für Psychiatrie.

Wenn Sie weiterlesen möchten...

Arist von Schlippe / Jochen Schweitzer
Lehrbuch der systemischen Therapie und Beratung

„Die Autoren verfügen über langjährige Erfahrungen mit systemischer Therapie in verschiedenen Kontexten, wobei sie zwei wichtige systemtherapeutische Strömungen in Deutschland (Weinheim und Heidelberg) repräsentieren. Ihr Buch besticht durch die im Detail ebenso profunde wie im Zusammenhang nachvollziehbare Darstellung bei sehr guter Lesbarkeit. Hervorzuheben ist die Redlichkeit, die Schwachstellen nicht ausklammert. Im Buch läßt es sich dank eines durchdachten Inhaltsverzeichnisses gut zurechtfinden; das auf den ersten Blick knapp erscheinende Stichwortregister erweist sich bei der Benutzung als sehr sorgsam zusammengestellt und höchst effektiv. Bestechend ist die enorme Literaturfülle, auf die die Autoren sich stützen ... Kompetent aber konsumierbar, undogmatisch aber nicht unverbindlich hilft das Buch LeserInnen, die bisher nichts damit zu tun hatten, das Gebiet systemische Therapie zu erschließen, doch auch für Fortgeschrittene hält es neben Impulsen zum Weiterdenken samt Literaturhinweisen noch manch Neues bereit. Insgesamt also ein ausgezeichnetes Buch (zu einem günstigen Preis), dessen Autoren von hoher therapeutischer Verantwortung und Humanität getragen sind."
Psychiatrische Praxis

„Das Buch vermittelt einen guten Überblick über die wichtigsten historischen und aktuellen systemischen Fragestellungen. Ich gratuliere den beiden Autoren zu diesem gelungenen Buch und empfehle es allen Kollegen, die einen Einstieg in die thematische Vielfalt des systemischen Feldes, umfassende Literaturhinweise oder einen Ausgangspunkt für geistige Abenteuer suchen ..." *Zeitschrift für systemische Therapie*

Hansjörg Becker (Hg.)
Psychoanalytische Teamsupervision

Der Bedarf an Teamsupervision wird heute in allen erdenklichen Bereichen erkannt, in denen Menschen intensiv und unter hoher Anspannung zusammenarbeiten. In diesem Buch werden die psychoanalytischen Ausgangspunkte der Supervision fortgeschrieben auf einen Stand, der den derzeitigen Fragestellungen entspricht. Darum wird in der Darstellung vor allem auf die Praxis Wert gelegt. Jedem theoretischen Schritt werden in ausführlichen Fallbeispielen praktische Anwendungsmöglichkeiten beigegeben. So ist aus der Zusammenarbeit der Frankfurter Autorengruppe ein ebenso theoretisch anspruchsvolles wie auch anschauliches Buch entstanden.

Dorothea Rahm
Integrative Gruppentherapie mit Kindern

Ausgehend von der einfühlsamen Schilderung des therapeutischen Verlaufs einer Kindergruppe breitet die Autorin die Entwicklungslinien von Kindern und Jugendlichen aus, die Entwicklung von Störungen und Krisen, die vielen Fallstricke und Fehlerquellen, die auftreten können, wie auch die vielfältigen Chancen für Einsicht, Besserung und Heilung.

Sinnfällig knüpft Dorothea Rahm die Verbindung von den theoretischen Grundlagen zu ihren therapeutischen Methoden, den Wirkweisen und den dynamischen Prozessen in der Arbeit mit Kindern und Jugendlichen. So ist ein praxisnahes, leicht faßliches Buch entstanden, theoretisch profund, nachvollziehbar erprobt und von einer warmen, wachen Empathie getragen.

Effektive Methoden in der Therapie

Karl König
Therapien in Gang bringen und konzentrieren
1997. Ca. 150 Seiten, kartoniert
ISBN 3-525-45797-9

Karl König
Abwehrmechanismen
1996. 139 Seiten, kartoniert
ISBN 3-525-45607-7

Joachim Faude
Zusatzbezeichnung Psychotherapie
Eine Einführung
1996. 190 Seiten, kartoniert
ISBN 3-525-45614-X

Friedrich Beese
Was ist Psychotherapie?
Ein Leitfaden für Laien zur Information über ambulante und stationäre
Psychotherapie
6. Auflage 1996. 87 Seiten, kartoniert. ISBN 3-525-45706-5

Annemarie Dührssen
Dynamische Psychotherapie
Ein Leitfaden für den tiefenpsycho-
logisch orientierten Umgang mit
Patienten
2. Auflage 1995. 215 Seiten, kartoniert. ISBN 3-525-45792-8

Eva Stoltzenberg
Wann ist eine Psychoanalyse beendet?
Vom idealistisch-normativen zum
systemischen Ansatz
Mit einem Nachwort von P. Fürstenau.
1986. 119 Seiten, kartoniert
ISBN 3-525-45689-1

Walter Andreas Scobel
Was ist Supervision?
Mit einem Beitrag von Christian
Reimer. 3., durchgesehene Auflage
1991. 207 Seiten, kartoniert
ISBN 3-525-45696-4

V&R
Vandenhoeck
& Ruprecht